VoG

VoG Verlag ohne Geld e.K.

n.10

Erste Auflage / Prima Edizione 5-2015

Zweite Auflage / Seconda Edizione 8-2017

Ada Zapperi Zucker ist in Catania (Sizilien) geboren. In Rom hat sie mit dem Gesang- und Klavierstudium begonnen und an der Musikhochschule Wien beendet. Gleichzeitig hat sie für das *Dizionario Biografico degli italiani* des *Istituto Treccani*, die *Enciclopedia dello Spettacolo* und an der *Enciclopedia Universo De Agostini* gearbeitet. Ihre sängerische Karriere ist hauptsächlich außerhalb Italiens abgelaufen. Sie unterrichtet Gesang in Deutschland und in Südtirol.
Von dem südtiroler Maler Gotthard Bonell wurde sie Malerei unterrichtet.

Ada Zapperi Zucker è nata a Catania. A Roma ha iniziato gli studi di canto e pianoforte per poi concluderli alla Musikhoschule di Vienna. Nello stesso tempo ha collaborato per il Dizionario Biografico degli italiani dell'Istituto Treccani, all'Enciclopedia dello Spettacolo e all'Enciclopedia Universo De Agostini. Cantante lirica ha svolto la sua attività prevalentemente all'estero. Insegna canto in Germania e in Sudtirolo.
Con Gotthard Bonell ha studiato pittura.

Ihre Veröffentlichungen haben in Italien verschiedene nationale und internationale Preise bekommen, die wichtigsten sind;:
I suoi scritti letterari hanno ottenuto vari riconoscimenti nazionali e internazionale, i più importanti sono:

2017	Premio *Casentino* per il romanzo *La casa del nonno*
2015	Primo Premio *San Domenichino* per i racconti *La cucchiara*
2012	Primo Premio *Casentino,* per il romanzo *Teatro di ombre*
2012	Premio *Stiftung Kreatives Alter, Zürich* per i racconti *Le inquietudini della sora Elsa*
2011	Primo Premio *Chianti,* per il romanzo *Il silenzio*
2008	*Primo Premio Giovanni Gronchi, per i racconti La scuola delle catacombe*

Personen und Handlungen sind größtenteils frei erfunden, die geschichtlichen Ereignisse beruhen aber auf Tatsachen.

Personaggi e situazioni dei racconti sono in parte frutto della fantasia, non così i fatti storici.

ISBN 978-3-943810-11-0

Registergericht München HRA 99261
www.verlagohnegeld.de
Gesamtgestaltung / Impaginazione: Heinz Weih
Deutsches Lektorat: Bärbel Yücel
Editing italiano: Elisabetta Cavani

Umschlagbild / In copertina: Ada Zapperi, *Ploumanac*, 1996

Ada Zapperi Zucker

Über Frauen und andere Geschöpfe

Zweisprachige Erzählungen

Übersetzung: Rosalie Hampp

Storie di donne e altre creature

Racconti in due lingue

Siena

Impressioni di viaggio

A metà luglio di quell'ormai lontano 1961 intrapresi un viaggio da Nizza a Siena, per sostenere l'esame di ammissione all'Accademia Chigiana[1] Considerato il fatto che era il mio secondo viaggio da sola – da Roma ero andata a Nizza – devo ammettere di essere stata molto coraggiosa. Già alla stazione di frontiera, a Ventimiglia, si venne a sapere che in Italia c'era lo sciopero delle ferrovie, ma che i treni internazionali, anche se con qualche ritardo, avrebbero continuato la loro corsa fino a Roma. Una massa di gente aspettava lungo il marciapiede quell'unico treno che doveva ancora arrivare. Io da brava ragazzina mi misi in fila, pronta a tutto: mio padre in seguito mi spiegò che non bisogna mai mettersi in mezzo alla folla, ma spostarsi in coda al treno, dove per tradizione salgono solo poche persone, consiglio che poi seguii con successo in tutti i miei numerosi viaggi. Ora ricordo solo gli urti, le spinte, il vocio affannato, impaziente dei passeggeri. Dopo circa un'ora di attesa, venni catapultata nel corridoio di un vagone affollatissimo, dove era impossibile spostarsi anche di un solo centimetro. E questo per tutto il giorno.

Non so come riuscii a scendere a Firenze.

Cominciava a imbrunire, nonostante mi fossi messa in viaggio di buon mattino per arrivare, secondo le previsioni, nel primo pomeriggio. Il treno varie volte si era fermato in mez-

---

[1]Famosa istituzione culturale che organizza corsi estivi con prestigiosi musicisti provenienti da tutto il mondo.

Siena

Eindrücke einer Reise

Mitte Juli, im nunmehr fernen 1961 unternahm ich eine Reise von Nizza nach Siena, um die Aufnahmeprüfung für die Accademia Chigiana[2] abzulegen. Bedenkt man, dass es meine zweite Reise alleine war – von Rom war ich nach Nizza gefahren – muss ich eingestehen, dass ich sehr mutig war. Schon an der Grenzstation in Ventimiglia wurde bekannt gegeben, dass in Italien Bahnstreik war, aber auch, dass die internationalen Züge bis nach Rom weiterfuhren, wenn auch mit Verspätung. Eine Menge Leute wartete am Bahnsteig auf diesen einen Zug, der noch ankommen würde. Ich braves Mädchen stellte mich in die Schlange, zu allem bereit: mein Vater erklärte mir später, dass ich mich nicht in die Menge stellen, sondern ans Ende des Zuges gehen sollte, wo gewöhnlich weniger Leute einsteigen, ein Rat, den ich später erfolgreich während meiner vielen Reisen anwendete. Jetzt erinnere ich mich nur an die Stöße, das Schubsen, das atemlose Gemurmel, die Ungeduld der Passagiere. Nach circa einer Stunde des Wartens wurde ich in den Korridor eines überfüllten Wagons katapultiert, wo man sich unmöglich auch nur einen Zentimeter bewegen konnte. Und das den lieben langen Tag.

Ich weiß wirklich nicht mehr, wie es mir gelang in Florenz auszusteigen.

Es dämmerte schon, obwohl ich mich am frühen Morgen auf die Reise begeben hatte, um planmäßig am frühen Nachmittag anzukommen. Der Zug war des Öfteren mitten auf dem Lan-

[2]Berühmte kulturelle Institution, die Sommerkurse mit namhaften Musikern aus aller Welt anbietet.

zo alla campagna, anche per ore, senza che nessuno protestasse: già allora mi sorprese la rassegnazione della gente, l'accettare sempre come una specie di fenomeno naturale l'arrivo di uno sciopero, quasi si trattasse di un temporale o di un terremoto.

A Firenze feci appena in tempo a prendere l'ultima coincidenza per Siena.

Con una certa preoccupazione seguivo intanto il lento tramontare del sole, che inesorabile proseguiva il suo corso: dal finestrino intravvedevo appena la campagna avvolta man mano da un buio ovattato, silenzioso, per me assai inquietante. Io non avevo previsto un tale ritardo: non mi piaceva viaggiare di notte e non mi piace neanche adesso.

In meno di due ore avrei dovuto essere a Siena, sempre secondo l'orario ferroviario, dato che lo sciopero era cessato. Così sentii dire.

Ma sbagliavo.

Dopo neanche mezz'ora il treno si fermò e il bigliettaio invitò i passeggeri a scendere. Il treno finiva lì! Ancora oggi non so in quale stazione. Erano le dieci di sera. Pensando alla mia giovane età, ora mi vengono i brividi. Seguii la folla dei viaggiatori che stranamente in pochi minuti sparirono alla mia vista. Mi ritrovai sola, sulla piccola piazza della stazione. Alquanto smarrita mi guardai intorno: per fortuna vidi proprio di fronte una locanda. Subito mi diressi da quella parte e con molto sollievo trovai una stanza.

Ricordo ancora la fame da lupi che mi torceva lo stomaco, dato che tutto il giorno non avevo mangiato niente. Contavo infatti di andare al ristorante della stazione, a Firenze, ma per via dello sciopero era andato tutto a monte. Dopo aver sistemato la piccola borsa da viaggio nella stanza, chiesi in albergo se mi si poteva indicare un locale dove, a quell'ora tarda, era ancora possibile mangiare qualcosa. Bisognava at-

de stundenlang stehen geblieben, ohne dass jemand protestierte: schon damals überraschte mich die Resignation der Leute, sie akzeptierten den Streik, wie eine Naturkatastrophe, als handle es sich um einen Sturm oder ein Erdbeben.

In Florenz erwischte ich gerade noch den Anschlusszug nach Siena.

Mit einer gewissen Sorge beobachtete ich den langsamen Untergang der Sonne, der unaufhaltsam seinen Lauf nahm: vom Fenster aus konnte ich kaum noch die Landschaft erahnen, die ganz langsam in sanfte, stille Dunkelheit gehüllt wurde, die auf mich eher beängstigend wirkte. Solch eine Verspätung hatte ich nicht vorhergesehen: es gefiel mir nicht nachts unterwegs zu sein und es gefällt mir auch jetzt noch nicht.

In weniger als zwei Stunden sollte ich in Siena ankommen, wiederum laut Fahrplan, da der Streik eingestellt worden war. Das sagte man jedenfalls.

Doch ich täuschte mich.

Nach einer halben Stunde hielt der Zug und der Schaffner bat alle Passagiere auszusteigen. Die Zugsfahrt endete hier! Bis heute weiß ich nicht, welche Station das war. Es war zehn Uhr abends. Wenn ich zurück denke, wie jung ich damals war, schaudert es mich. Ich folgte der Menge der Reisenden, die komischerweise nach ein paar Minuten aus meinem Sichtfeld verschwunden war. Ich war allein auf dem kleinen Bahnhofsplatz. Ziemlich verloren schaute ich mich um: zum Glück sah ich gleich gegenüber ein Gasthaus. Sofort begab ich mich in diese Richtung und bekam zu meiner großen Erleichterung ein Zimmer.

Noch heute erinnere ich mich an den Wolfshunger, der in meinem Magen rumorte, da ich den ganzen Tag nichts gegessen hatte. Ich hatte eigentlich damit gerechnet, im Bahnhofsrestaurant von Florenz etwas zu essen, aber auf Grund des Streiks wurde daraus nichts. Nachdem ich meine kleine Reisetasche aufs Zimmer gebracht hatte, fragte ich im Hotel, ob man mir ein Lokal empfehlen könne, wo man zu dieser späten Stunde noch

traversare la strada, girare a destra e avrei visto l'insegna di una trattoria.
Come dimenticare quella prima notte in Toscana?

Con molto coraggio mi avviai, dopo aver registrato lo sguardo pieno di sorpresa e anche di biasimo dell'albergatore mentre leggeva attentamente il mio passaporto (povera anima... così giovane... sola, di notte... genitori scellerati!). Entrai in quel locale.

Devo subito sottolineare che non era affatto una spelonca, anzi tutto il contrario: i tavoli erano apparecchiati con tovaglie e tovaglioli di stoffa bianca in un'atmosfera rispettabile. Chiaramente un locale frequentato dalla buona borghesia italiana. Il cameriere in giacca nera, camicia bianca e cravattino a farfalla sgranò gli occhi nel vedermi entrare. Mi venne subito incontro con fare fra il sorpreso e il cerimonioso: era chiaro che non sapeva se sorridere di compassione o di divertimento. Posso immaginare, poi, i suoi commenti in cucina.

Allora una ragazzina e forse neanche una donna andava al ristorante da sola, e posso confermare di aver visto quegli stessi occhi sorpresi e ammiccanti non soltanto in una cittadina della provincia italiana, ma anche a Parigi o Vienna.

Non dimentico quel movimento sincrono di tutti gli ospiti, uomini e donne che, smettendo subito di mangiare, si girarono verso di me per fissarmi: credo che se fosse entrato un marziano la sorpresa non sarebbe stata così grande. Il cameriere mi condusse a un tavolo proprio in mezzo al locale, perché tutti potessero vedermi a loro gradimento, e con particolare cortesia mi chiese se poteva servirmi qualcosa. Io avevo fame, solo fame ed ero stanchissima, oltre che, lo ammetto, assai spaventata. Gli uomini continuavano a guardarmi, in silenzio; nelle donne sentii perfino una certa commiserazione: povera bambina, a che punto siamo arrivati se

etwas zu essen bekäme. Man müsse die Straße überqueren, rechts abbiegen und dann sähe man schon das Schild einer Trattoria.

Wie kann ich diese erste Nacht in der Toskana jemals vergessen?

Mutig machte ich mich auf den Weg, nachdem ich den völlig verwunderten und auch tadelnden Blick des Wirtes bemerkt hatte, während er aufmerksam meinen Pass studierte (arme Seele… so jung… nachts, alleine… Raben Eltern!). Ich betrat das Lokal.

Ich muss sofort unterstreichen, dass es wirklich keine Spelunke war, eher das genaue Gegenteil: Die Tische waren mit Tischdecken und weißen Stoffservietten eingedeckt, eine gehobene Atmosphäre. Offensichtlich ein Lokal, das von gutbürgerlichen Italienern besucht wurde. Der Kellner in schwarzer Jacke, weißem Hemd und Fliege riss die Augen auf, als er mich eintreten sah. Er kam mir sofort mit einem Gehabe zwischen Überraschung und Feierlichkeit entgegen: es war klar, dass er nicht wusste, ob er vor Mitleid oder Vergnügen lächeln sollte. Ich kann mir seine Kommentare in der Küche vorstellen.

Kein Mädchen und vielleicht auch keine Frau sollte allein ins Restaurant gehen und ich kann bestätigen, dass ich diesen überraschten und zwinkernden Blick nicht nur in einem italienischen Provinzstädtchen, sondern auch in Paris und Wien gesehen habe.

Ich werde diese synchrone Bewegung aller Gäste, Männer und Frauen, nie vergessen, die sofort aufhörten zu essen und sich alle zu mir umsahen: wenn ein Marsmensch eingetreten wäre, wäre die Verblüffung nicht so groß gewesen. Der Kellner brachte mich ausgerechnet an einen Tisch inmitten des Lokals, damit mich alle gut sehen konnten und fragte mich höflich, ob er mir etwas bringen könne. Ich hatte Hunger, nur Hunger und war sehr müde, und außerdem, ich gebe es zu, ziemlich erschreckt. Die Männer sahen mich weiter stillschweigend an; von den Frauen fühlte ich sogar ein gewisses Bemitleiden: armes Kind, wie konnte es soweit kommen, dass ein Mädchen

una bambina deve andare al ristorante da sola? Non so più cosa ordinai, so soltanto che nonostante la fame, riuscivo a fatica a portare la forchetta in bocca, sotto gli sguardi curiosi di quel pubblico inaspettato. Io desideravo soltanto di andar via il più presto possibile.

La mattina presto trovai un treno per Siena, una città che mi lasciò senza fiato per la sua bellezza. Senza contare il Palazzo Chigi dove avevo addirittura il permesso di entrare. Mi rincuorò molto la quantità di giovani, le tante ragazze sole come me, di diverse nazionalità, con l'astuccio di strumenti sotto braccio e l'entusiasmo che trapelava anche dal modo di camminare, tipico dei musicisti.

Tutto dimenticato, il viaggio, l'albergo, il ristorante: ero nel mio elemento ed ero felice.

alleine ins Restaurant gehen muss. Ich weiß nicht mehr, was ich bestellte, ich weiß nur noch, dass ich trotz des Hungers, unter den neugierigen Blicken meines unerwarteten Publikums, Mühe hatte die Gabel zum Mund zu führen. Ich wollte nur noch so schnell wie möglich weg.

Früh am Morgen nahm ich einen Zug nach Siena, eine Stadt deren Schönheit mir den Atem verschlug. Nicht nur der Palazzo Chigi, den zu betreten ich sogar die Erlaubnis hatte. Die Anzahl der Jugendlichen, viele junge Mädchen wie ich, die alleine waren, verschiedene Nationalitäten, mit diversen Musikinstrumenten unter dem Arm und einer Begeisterung, die sich auch in ihrem Gang abzeichnete, typische Musiker, machten mir wieder Mut.

Alles war vergessen, die Reise, die Herberge, das Restaurant: ich war in meinem Element und glücklich.

Il bacio

L'appuntamento era alle cinque in punto, al Caffè Landmann. Prese il tram del Ring calcolando che dalla fermata davanti al Burgtheater in due salti sarebbe arrivata con una certa puntualità. Si avvicinò all'uscita pronta a scendere, ma chissà perché il tram non fece neanche le mire di rallentare, anzi ignorò la fermata e proseguì come niente fosse. Una fermata a richiesta? E da quando? Premette il campanello, ma ormai era troppo tardi. Diede un'occhiata al suo orologio da polso: le cinque e cinque. Mai sarebbe arrivata alle cinque. Scese alla prossima fermata, già agitata. Percorse quel tratto di strada correndo. Una giornata stupenda di fine estate, le prime foglie ingiallite, l'aria già un po' frizzante, ma non ancora fredda: pensò che ci si poteva sedere fuori, sulla terrazza davanti al caffè. Col fiato grosso, la testa confusa, mentre cercava le parole per scusarsi, si precipitò sotto il pergolato, che era dall'altro lato della strada. Molta gente occupava i tavolini, i viennesi godevano delle ultime giornate di sole; l'autunno alle porte e l'inverno, lungo e freddo, li avrebbe costretti al caldo, dentro i locali, e l'atmosfera sarebbe stata diversa. Lo sapeva.

Scorse il gruppo di amici, due ragazze che subito riconobbe e un uomo di spalle. Le amiche la salutarono già da lontano con un cenno della mano. Corse e di slancio abbracciò l'uomo da dietro, che sorpreso piegò un poco la testa dalla sua parte. Incontrò il suo viso, la sua bocca. Lo baciò.

Der Kuss

Verabredet waren sie um Punkt fünf am Café Landmann. Sie nahm die Ringtram, mit der sie von der Haltestelle vor dem Burgtheater im Nu und relativ pünktlich ankommen würde. Sie ging zur Tür, bereit zum Aussteigen, aber die Tram machte aus irgendwelchen Gründen nicht die geringsten Anstalten zu bremsen, sie ignorierte die Haltestelle sogar vollkommen und fuhr weiter, als wäre nichts gewesen. Eine Bedarfshaltestelle? Seit wann? Sie drückte auf den Knopf, aber inzwischen war es zu spät. Sie warf einen Blick auf ihre Armbanduhr: fünf nach fünf. Sie würde niemals um fünf ankommen. Sie stieg an der nächsten Haltestelle aus, schon aufgeregt. Sie rannte das Stück Straße entlang. Ein wunderschöner Spätsommertag, die ersten Blätter wurden schon gelb, die Luft war etwas prickelnd, aber noch nicht kalt: sie dachte, dass man draußen auf der Terrasse vor dem Café wird sitzen können. Schwer atmend, ein wenig verwirrt, während sie nach den richtigen Worten für eine Entschuldigung sucht, erreicht sie das Sonnendach auf der gegenüberliegenden Straßenseite. Viele Menschen besetzten die Tische, die Wiener genossen die letzten sonnigen Tage; der Herbst stand vor der Tür und ein langer kalter Winter würde sie ins Warme, ins Innere der Lokale zwingen und die Atmosphäre wäre anders. Das wusste sie.

Sie sah die Gruppe von Freunden, zwei Mädchen, die sie sofort erkannte und einen Mann, der mit dem Rücken zu ihr stand. Die Freundinnen grüßten sie schon von weitem mit einer Handbewegung. Sie lief und umarmte den Mann von hinten, der ihr überrascht den Kopf zuwandte. Ihre Gesichter, ihre Münder trafen sich. Sie küsste ihn.

Bernd

Nessuno mi ha mai baciato così. Mi sembra di essere stato baciato per la prima volta da una donna. Non sono stato neanche capace di reagire, ho soltanto aperto un poco la bocca, credo più che altro per la sorpresa... e lei... oh, non posso pensarlo. Ora mi sta seduta davanti e mi guarda. Sorride, neanche imbarazzata. È Leda. Non posso crederci. Non sapevo che sapesse baciare così. Non sapevo che si potesse baciare così. Valeva proprio la pena di vivere fino a questo momento per conoscere questo straordinario stordimento, questo stupore.

È proprio Leda, non ci sono dubbi. Ho invidiato Michael di avere trovato questa ragazza, di averla conquistata di slancio, anzi d'assalto, con quel suo modo che non so proprio come definire. Mi sono sempre chiesto cosa ha lui più di me... perché lui è sempre riuscito, già da quando andavamo a scuola, a soffiarmi la ragazza migliore. E ora questo. Mi chiedo cosa significa questo. E Leda intanto mi guarda con gli stessi occhi di sempre o forse mi sta osservando, vuol vedere cosa mi sta succedendo e ha il coraggio di sorridere! Perché mi ha baciato? C'è uno scambio di persona, è chiaro, ha creduto fossi Michael... e io, imbecille, sono scombussolato, io non so più neanche come mi chiamo! Sono così le donne?

Leda

Non è Michael, Dio, come mai non l'ho riconosciuto! Ha le stesse spalle, la stessa nuca, le stesse labbra, dovrei dire... ma non è vero. Le sue sono più morbide e carnose, più cedevoli, tenere. Dio, cosa sto pensando? Le labbra di Michael hanno un che di duro, e poi sono sottili. No, no. Non voglio pensare in questo modo. È stato solo un equivoco. Volevo evitare le solite querimonie per il mio ritardo, ecco perché l'ho subito baciato.

Ma che dolcezza, che strano languore. Lo guardo e non

Bernd

Niemand hat mich jemals so geküsst. Mir kommt es vor, als wäre ich zum ersten Mal von einer Frau geküsst worden. Ich war nicht einmal fähig zu reagieren, ich habe nur den Mund leicht geöffnet, wohl eher aus Überraschung… und sie… oh, ich darf nicht daran denken. Jetzt sitzt sie mir gegenüber und sieht mich an. Sie lächelt, kein bisschen verlegen. Es ist Leda. Ich kann es nicht glauben. Ich wusste nicht, dass sie so küssen kann. Ich wusste nicht, dass man so küssen kann. Dieser Kuss war es wirklich wert bis jetzt zu leben, um diese außergewöhnliche Benommenheit, diese Verwunderung, zu erfahren.

Es ist wirklich Leda, kein Zweifel. Ich habe Michael immer beneidet, dass er dieses Mädchen gefunden hat, sie im Sturm eroberte, eher im Angriff, mit seiner Art, die man nicht beschreiben kann. Ich habe mich immer gefragt, was er hat, was ich nicht habe… warum es ihm immer gelang, mir das beste Mädchen wegzuschnappen, schon in der Schule. Und jetzt das. Ich frage mich, was das zu bedeuten hat. Und Leda sieht mich mit den gleichen Augen wie immer an, oder beobachtet sie mich vielleicht und hat sogar den Mut mich anzulächeln! Warum hat sie mich geküsst? Sie hat mich verwechselt, sicher hat sie geglaubt, ich wäre Michael… und ich Schwachkopf bin total verwirrt, ich weiß nicht einmal mehr, wie ich heiße! Sind so die Frauen?

Leda

Es ist nicht Michael, Gott, warum habe ich ihn nicht erkannt! Er hat die gleichen Schultern, den gleichen Nacken, die gleichen Lippen, müsste ich sagen,… aber das ist nicht war. Seine sind weicher und voller, sanfter. Michaels Lippen haben etwas Hartes und sind dünner. Nein. Nein. Ich will so gar nicht denken. Es war nur ein Missverständnis. Ich wollte nur die üblichen Streitigkeiten, wegen meiner Verspätung, vermeiden, darum habe ich ihn geküsst.

Doch wie sanft, welch seltsame Sehnsucht. Ich sehe ihn an

posso credere che questo è Bernd, l'amico d'infanzia, l'amico di sempre di Michael, il suo alter ego, come dice lui. Non riesco a riconoscere i lineamenti del suo viso, ho gli occhi annebbiati, la testa per aria. Non fosse per quel bacio, per quella sensazione di… Dio, non so come definirla. Struggimento? Si, se non fosse per quel bacio, che mi invade tutta, in quel viso non saprei trovare una differenza fra Bernd e Michael: i due visi si confondono in uno solo. In realtà non vedo niente. Fisso quelle labbra e mi ci perdo. Mai Michael ha saputo trasmettermi questa sorta di estasi. L'estasi di un secondo, forse più lungo di un secondo… infinitamente più lungo. Dio, un secondo più lungo di un'eternità. Eppure, Bernd non ha reagito, si è lasciato baciare, si è abbandonato: in fondo anche questa è una reazione. Lui si è dato a me! Michael non si lascia mai baciare, non si abbandona mai. Lui parte sempre all'attacco. Ma cosa penso? Perché lo chiamo „attacco?" Ecco, mi sembra di essere preda di un sortilegio, una magia: non riesco a vedere quel viso come è veramente, come è sempre stato, come è nel mio ricordo; vi leggo solo stupore… solo stupore? No, no! C'è turbamento e desiderio: è un grido. Ancora quel bacio, ancora e ancora fino alla morte. Leda, svegliati, lascia stare, torna alla realtà. Ma questa è la realtà, non posso farci niente: lui mi guarda con occhi nuovi, o meglio in quegli occhi c'è qualcosa che non conoscevo. Michael non mi ha mai guardato così, nessuno mi ha mai guardato così.

Sono impazzita? Mi sembra di essere sola con lui, con Bernd. Tutta la gente che ho visto prima, entrando, di colpo è scomparsa. Che mi sta succedendo? Mi sembra di vivere in un film, proprio così, in un film.

Ah, ecco che arriva Michael. E ora?

und kann nicht glauben, dass es Bernd ist, Sandkastenfreund, schon immer Michaels Freund, sein ‚Alter Ego', wie er sagt. Ich erkenne kaum seine Gesichtszüge wieder, mein Blick ist verklärt, mein Kopf schwebt in den Wolken. Wenn dieser Kuss nicht gewesen wäre, dieses Gefühl von… Gott, ich weiß nicht, wie ich es beschreiben soll. Verlangen? Ja, wenn es den Kuss nicht gegeben hätte, der mich überwältigt, könnte ich keinen Unterschied zwischen Bernd und Michael finden: ihre Gesichter werden eins. In Wahrheit sehe ich nichts. Ich starre diese Lippen an und verliere mich. Michael konnte in mir nie diese Ekstase auslösen. Eine sekundenlange Ekstase, vielleicht länger als eine Sekunde… unendlich viel länger. Gott eine Sekunde, die länger als die Unendlichkeit ist. Und doch, Bernd hat nicht reagiert, er hat sich küssen lassen, er hat sich hingegeben: das ist eigentlich auch eine Reaktion. Er hat sich mir gegeben! Michael hat sich nie küssen lassen, er gibt sich nie hin. Er geht immer zum Angriff über. Was denk ich da? Warum nenne ich es „Angrif"? Ah, ich unterliege wohl einem Zauber, einer Magie: ich kann dieses Gesicht nicht sehen, wie es wirklich ist, wie es immer war, wie in meiner Erinnerung; ich sehe dort nur Verwunderung… nur Verwunderung? Nein, nein! Dort ist noch Verwirrung und Verlangen: ein Schrei. Wieder der Kuss, wieder und wieder, bis zum Tod. Leda, wach auf, lass es bleiben, komm zurück in die Realität. Doch das ist die Realität, ich kann nichts dagegen tun: er sieht mich mit neuen Augen an oder besser, ich sehe etwas in seinen Augen, das ich bisher nicht kannte. Michael hat mich noch nie so angesehen, niemand hat mich je so angesehen.

Bin ich verrückt geworden? Es kommt mir vor, als wäre ich alleine mit ihm, mit Bernd. All die Leute, die ich vorher beim Reinkommen gesehen habe, sind plötzlich verschwunden. Was passiert mit mir? Es kommt mir vor, wie im Film, genau, wie in einem Film.

Oh, da kommt Michael. Und jetzt?

Bernd si scuote con visibile sforzo, si alza, cerimonioso, fa posto al nuovo arrivato, gli batte una mano sulla spalla con la stessa familiarità di sempre. Michael saluta in giro senza accennare a nessuno di preciso. Il cameriere si avvicina e riceve gli ordini. Leda accosta la sua sedia alle due ragazze, finalmente le saluta, quasi si fosse accorta solo in quel momento di loro, non sa cosa dire. Le due amiche ammiccano fra di loro, ridacchiano mentre osservano la scena. Si aspettano altri amici. Leda è assente, mentre Michael parla quasi ininterrottamente con Bernd, lanciando qualche fuggevole occhiata in direzione della ragazza, quasi a sincerarsi della sua presenza.

BERND

Sorride ancora e mi fissa senza vedermi. Cosa sta pensando? Lo dirà a Michael? Lui sicuramente ci riderà su. Lui dice che non è geloso, la gelosia è un segno di debolezza, ha sempre proclamato. Otello, ribatto io, e lui con aperto disprezzo: e perché credi che Shakespeare lo abbia fatto moro? Che altri motivi poteva avere se non che la gelosia è tipica di gente debole e passionale. Il moro di Venezia: te lo sei mai chiesto? Avrebbe potuto farne uno come noi, invece no. Ha preso un uomo di colore, un primitivo. Perché la gelosia è un sentimento primitivo, non di gente civile. Voglio vederlo adesso, il mio uomo civile.

Leda. Un nome mitico. Leda. Non sapevo che ancora oggi ci si possa chiamare così, eppure la conosco da tempo e non aveva mai pensato... Ma lei non mi sembra una ragazza di questi tempi: forse è una dea... alt, basta così. Non perdere la testa fino a questo punto.

Se lei mi dicesse di si, metterei da parte anche la lunga amicizia che mi lega da anni a Michael. Mi sembra di essere

Bernd schüttelt mit sichtbarer Anstrengung den Kopf, steht auf, zeremoniös, er macht dem Neuankömmling Platz, klopft ihm mit einer Hand auf die Schulter auf die gleiche Art wie immer. Michael grüßt in die Runde ohne jemand bestimmten zu meinen. Der Kellner kommt und nimmt die Bestellung auf. Leda rückt ihren Stuhl weiter zu den beiden Mädchen, grüßt sie endlich, als hätte sie ihre Anwesenheit jetzt erst bemerkt, sie weiß nicht, was sie sagen soll. Die beiden Freundinnen zwinkern einander zu, kichern, während sie das Geschehen verfolgen. Sie erwarten noch mehr Freunde. Leda ist abwesend, während Michael praktisch ununterbrochen mit Bernd redet und dabei dem Mädchen verstohlene Blicke zuwirft, als müsse er sich ihrer Anwesenheit versichern.

BERND

Sie lächelt immer noch und sieht mich an ohne mich zu sehen. Was denkt sie? Wird sie es Michael sagen? Er wird sicher darüber lachen. Er sagt, er sei nicht eifersüchtig, die Eifersucht sei ein Zeichen von Schwäche, hat er immer betont. Othello, werfe ich ein und er mit offener Verachtung: warum denkst du, Shakespeare hat einen Schwarzen aus ihm gemacht? Was für einen anderen Grund könnte er gehabt haben, als dass Eifersucht typisch für schwache und leidenschaftliche Menschen ist. Der Schwarze von Venedig: hast du dich das jemals gefragt? Er hätte aus ihm einen wie uns machen können, doch nein. Er hat einen Farbigen gewählt, einen Primitiven. Denn die Eifersucht ist ein primitives Gefühl, nicht von Zivilisierten. Ich würde ihn jetzt gerne sehen, meinen Zivilisierten.

Leda. Ein geheimnisvoller Name. Leda. Ich wusste nicht, dass man auch jetzt noch so heißen kann, und doch, ich kenne sie schon lange, doch daran habe ich noch nie gedacht... Doch sie scheint aus jener Zeit zu stammen: vielleicht ist sie eine Göttin... halt, das reicht. Verlier‘ nicht den Kopf, nicht so weit!

Wenn sie ja zu mir sagen würde, dann würde ich auch die lange Freundschaft beiseitelegen, die mich mit Michael verbin-

diventato un traditore, una specie di Jago.

Cosa ha da raccontarmi tanto? Vorrei essere solo, solo con lei. Vorrei chiederle se è stato veramente uno sbaglio. Uno sbaglio al quale non vorrei mai aver rinunciato. Ma un bacio, dato e ricevuto per sbaglio, può avere un seguito?

Leda. Vorrei urlare il tuo nome, correre per i boschi come un fauno e gridare, gridare il tuo nome.

Avrò il coraggio di parlarti, di distruggere con una sola parola questa magia?

Michael

Che sta succedendo qui? Mi sembra di essere entrato in un cerchio magico: Leda non mi ha neanche guardato, non ha scherzato sul fatto che sono arrivato in ritardo. Ora che ci penso, non mi ha salutato. Quelle due oche mi sogguardano in un certo modo curioso che non saprei definire. Ho l'impressione che qui sia successo qualcosa. E Bernd, anche lui mi sembra stranito più del solito. Quasi non ascolta, risponde qualcosa a casaccio e io stesso non saprei dire di che cosa sto parlando tutto il tempo. Siamo tutti fuori di testa? Dico una sciocchezza dietro l'altra, senza capo né coda.

«Beh, che ne dite se andiamo a fare quattro passi da qualche parte? Qui c'è troppa gente e non si può parlare.»

La proposta di Michael cade ne vuoto. Le due oche, amiche di Leda, dicono soltanto che preferiscono aspettare ancora un po', i loro accompagnatori verranno più tardi, ma se vogliono, possono andare loro tre soli.

Leda del tutto assente, non accenna ad alzarsi, sembra incollata alla sedia continuando a fissare Bernd. Neanche lui ha interesse a lasciare il locale. Sembra non aver capito le parole dell'amico. Cerca disperatamente di svegliarsi.

det. Ich komme mir wie ein Verräter vor, eine Art Jago.

Was hat er mir so viel zu sagen? Ich will alleine sein, allein mit ihr. Ich will sie fragen, ob sie uns wirklich verwechselt hat. Eine Verwechslung auf die ich nicht verzichten möchte. Doch kann ein Kuss, der durch eine Verwechslung gegeben und empfangen wurde, eine Folge haben?

Leda. Ich würde gerne deinen Namen schreien, wie ein Faun durch den Wald rennen und schreien, deinen Namen schreien.

Werde ich den Mut haben mit dir zu reden, diese Magie mit einem einzigen Wort zu zerstören?

MICHAEL

Was passiert hier? Es ist wie verhext: Leda hat mich noch nicht einmal angeschaut, sie hat mich nicht damit aufgezogen, dass ich zu spät gekommen bin. Jetzt wo ich darüber nachdenke, hat sie mich nicht mal begrüßt. Die zwei Gänse sehen mich auf eine neugierige Weise an, die ich nicht beschreiben kann. Ich habe das Gefühl, etwas ist passiert. Und Bernd kommt mir noch nervöser vor als sonst. Er hört kaum zu, er antwortet ins Blaue und selbst ich kann nicht sagen, worüber ich die ganze Zeit rede. Sind wir alle irre? Ich erzähle eine Dummheit nach der anderen, ohne Anfang oder Ende.

»Ok, was haltet ihr davon, wenn wir irgendwo anders hingehen? Hier ist zu viel los, man kann sich gar nicht unterhalten.«

Michaels Vorschlag geht unter. Die zwei Gänse, Ledas Freundinnen, sagen, dass sie noch etwas warten wollen, ihre Begleiter würden erst später kommen, doch wenn sie wollten, könnten sie schon gehen.

Die abwesende Leda macht keine Anstalten aufzustehen, sie scheint auf ihrem Stuhl festgeklebt zu sein und starrt weiter Bernd an. Auch er zeigt kein Interesse das Lokal zu verlassen. Er scheint die Worte des Freundes nicht verstanden zu haben. Er versucht verzweifelt aufzuwachen.

Bernd

Ho perso la testa come un imbecille, ma lei non lo ha neanche salutato e mi guarda, guarda solo me, e nei suoi occhi leggo una domanda. No. Non mi inganno: anche lei è stordita. Anche lei. In fondo dovrei essere io a prendere l'iniziativa, dire qualcosa, magari scherzare, cercare di capire cosa passa per la sua testa appunto con uno scherzo, come fa sempre Michael, e invece me ne sto zitto come l'ultimo dei cretini, incapace, stupido, vigliacco. Leda, parla almeno tu, dimmi qualcosa, non soltanto con gli occhi, anche con la bocca, come prima! È stato uno sbaglio? Questo dubbio distruggerà la mia esistenza. È stato uno sbaglio, credevi che fossi Michael? Dimmi la verità.

Se avesse visto che ero io, di certo non mi avrebbe baciato. Ecco, questa è la verità, devo prenderne atto.

Ma forse non è stato uno sbaglio, forse voleva dirmi finalmente che mi preferisce a Michael.

Se fossimo soli glielo chiederei... se fossimo soli.

Avrei veramente il coraggio di distruggere con questa sola domanda tutto un possibile futuro?

Leda

Perché non parla? In fondo ha corrisposto il mio bacio, anzi, più che corrisposto... no. Non si è lasciato baciare passivamente, come ho potuto pensarlo prima? Ma era diverso: come descriverlo? C'era sorpresa e abbandono... no, non abbandono, qualcosa che non conosco. Nostalgia, sì, nostalgia mista a tristezza e forse qualcosa ancora che non so definire. Non posso pensare ad altro e vorrei con tutta l'anima ripeterlo per capire cosa c'era di così straordinario, di diverso. Dio, nessun bacio mi ha mai sconvolto fino a questo punto. Ma il secondo bacio non sarebbe mai, mai come il primo:

Bernd

Wie ein Dummkopf habe ich den Kopf verloren, doch sie hat ihn noch nicht einmal begrüßt und sie sieht mich an, sieht nur mich und in ihren Augen lese ich eine Frage. Nein. Ich täusche mich nicht, auch sie ist durcheinander. Auch sie. Eigentlich sollte ich die Initiative ergreifen, etwas sagen, vielleicht scherzen, versuchen zu verstehen, was ihr durch den Kopf geht, eben mit einem Scherz, wie es Michael immer macht. Doch stattdessen bleibe ich still, wie der letzte Dummkopf, unfähig, verblüfft, feige. Leda, rede wenigstens du, sprich mit mir, nicht nur mit den Augen, auch mit dem Mund, wie vorhin! War es eine Verwechslung? Dieser Zweifel wird mein Leben zerstören. War es eine Verwechslung, dachtest du, ich wäre Michael? Sag mir die Wahrheit!

Wenn sie gesehen hätte, dass ich es war, hätte sie mich sicher nicht geküsst. Da, das ist die Wahrheit, das muss mir bewusst sein.

Doch vielleicht war es keine Verwechslung, vielleicht wollte sie mir endlich sagen, dass sie mich Michael vorzieht.

Wenn wir alleine wären, würde ich sie fragen… wenn wir alleine wären.

Hätte ich dann wirklich den Mut durch diese Frage eine mögliche Zukunft zu zerstören?

Leda

Warum sagt er nichts? Im Grunde hat er meinen Kuss erwidert, eigentlich mehr als erwidert… nein. Er hat sich nicht nur passiv küssen lassen, wie konnte ich das vorher denken? Doch es war anders: wie soll ich es beschreiben? Da waren Überraschung und Hingabe… nein nicht Hingabe, etwas, was ich nicht kenne. Sehnsucht, ja, Sehnsucht gemischt mit Traurigkeit und vielleicht noch etwas, das ich nicht greifen kann. Ich kann an nichts anderes denken und wünsche mir mit ganzem Herzen es zu wiederholen, um zu verstehen, was daran so ungewöhnlich, so anders war. Mein Gott, bisher hat mich noch kein Kuss der-

mancherebbe la sorpresa e quel non so che, che mi ha ferito l'anima. Fino al midollo delle ossa, mi è andato, oltre le ossa, oltre la mia vita stessa. Forse anche lui vorrebbe riprovare... se soltanto fossimo soli.

MICHAEL

«Allora? Si va? qui non si respira più. E voi due... si può sapere cosa avete? Non avete detto una sola parola da quando sono venuto, anzi ho l'impressione che non abbiate neanche ascoltato. Ma insomma... Bernd, che sta succedendo? non ti conosco più.»

BERND

E vorrei non averti mai conosciuto! Così può finire una lunga amicizia, per un bacio dato per sbaglio... se poi era uno sbaglio.

«Ho mal di testa. Vado a casa.»

LEDA

Come? Se ne vuole andare così? Scappa come un vigliacco? Mi sarei dunque sbagliata a tal punto?

«Me ne vado, anch'io ho mal di testa.»

Si alza decisa e senza aggiungere altro, senza salutare nessuno corre via. Un tram passa, lei lo rincorre, lo raggiunge giusto alla fermata. Sale e il tram riparte.

artig aufgewühlt. Doch der zweite Kuss wird nie, nie, wie der erste sein: die Überraschung würde fehlen und das, ich weiß nicht was, das mich in der Seele verletzt hat. Bis ins Mark ist es mir gegangen, über die Knochen hinaus, über mein Leben hinaus. Vielleicht will auch er es wiederholen… wenn wir nur alleine wären.

MICHAEL

»Und? Gehen wir? Hier kann man nicht atmen. Und ihr zwei… könnte ich erfahren, was los ist? Seit ich hier bin, habt ihr kein Wort gesagt, ich habe sogar den Eindruck, ihr habt überhaupt nicht zugehört. Aber naja… Bernd, was ist los? Ich erkenne dich nicht wieder.«

BERND

Ich wünschte, ich würde dich nicht kennen! So kann eine langjährige Freundschaft in die Brüche gehen, wegen eines Kusses, der durch eine Verwechselung gegeben wurde… wenn es denn eine Verwechslung war.

»Ich habe Kopfweh. Ich geh‘ nach Hause.«

LEDA

Was? Er will einfach so gehen? Er haut ab wie ein Feigling? Habe ich mich derart in ihm getäuscht?

»Ich gehe auch, ich habe auch Kopfweh.«

Sie steht entschlossen auf ohne noch etwas zu sagen, ohne sich von jemandem zu verabschieden, rennt sie davon. Eine Tram fährt vorbei, sie rennt ihr hinterher, erreicht sie an der Haltestelle. Sie steigt ein und die Tram fährt ab.

Latin lover

Un signore si avvicinò e chiese il permesso di sedersi accanto a lei, sulla stessa panchina. A quell'ora del pomeriggio quasi nessuno più passeggiava da quelle parti. Il Giardino degli Aranci si era di colpo spopolato senza che lei se ne fosse accorta. Fece solo un cenno di consenso. In fondo era già sul punto di andar via.

Il cielo lentamente cambiava colore, la notte si avvicinava a grandi passi. Fu questione di secondi, l'idea di andare in cerca di un ristorante non poté essere pensata fino in fondo: lo sconosciuto prese subito a parlare. Con lei. Hilde si girò verso di lui e con un sorriso gentile gli fece capire di non intendere la sua lingua. L'uomo non si lasciò scoraggiare per così poco. Con estrema disinvoltura attaccò in francese, un francese assai primitivo, inframmezzato da parole e anche intere frasi spagnole, italiane e dialetto romanesco. Un poliglotta che non prendeva nessuna lingua sul serio. Importante era farsi capire. Hilde lo ascoltò sorpresa non soltanto per il miscuglio di lingue, ma soprattutto per la naturalezza con la quale quell'uomo chiacchierava con lei, quasi la conoscesse da chissà quanto tempo.

La politica lo aveva rovinato, diceva. Perfino sua moglie si era stancata di lui, sempre per via della sua passione per la politica.

«Ma se un hombre, un homme, *no* s'engage avec la politique, che pode hacer? Nous sommes tutti schiavi de la politique. Personne de nosotros esta libre de penser... sì, todos crean de ser libre... ninguno pensa che in verdad todos ce

Latin Lover

Ein Herr näherte sich und bat um Erlaubnis sich neben sie setzen zu dürfen, auf die gleiche Bank. Zu dieser Nachmittagsstunde kam kaum noch jemand hier vorbei. Der Giardino degli Aranci hatte sich schlagartig geleert, ohne dass sie es gemerkt hätte. Sie nickte nur. Im Grunde wollte sie sowieso gleich gehen.

Der Himmel verfärbte sich langsam, die Nacht näherte sich mit großen Schritten. Es war eine Sache von Sekunden, ihre Idee sich auf die Suche nach einem Restaurant für das Abendessen zu machen, konnte nicht einmal zu Ende gedacht werden: der Unbekannte begann sofort zu reden. Mit ihr. Hilde wandte sich ihm zu und gab ihm mit einem Lächeln zu verstehen, dass sie seine Sprache nicht verstand. Der Mann ließ sich von so einer Kleinigkeit nicht entmutigen. Unbefangen begann er in Französisch, einem recht kümmerlichen Französisch, durchsetzt von Wörtern und ganzen Sätzen auf Spanisch, Italienisch und Römischem Dialekt. Ein Mehrsprachiger, der keine Sprache ernst nahm. Es war nur wichtig sich verständlich zu machen. Hilde hörte ihm zu, nicht nur von dem Mischmasch der Sprachen überrascht, sondern vor allem von der Natürlichkeit, mit der der Mann mit ihr sprach, als kannten sie sich schon, wer weiß wie lang.

Die Politik habe ihn ruiniert, sagte er. Sogar seine Frau sei ihn leid geworden, ebenfalls wegen seiner Leidenschaft für Politik.

»Ma se un hombre, un homme, *no* s'engage avec la politique, che pode hacer? Nous sommes tutti schiavi de la politique. Personne de nosotros esta libre de penser… sì, todos crean de ser libre… ninguno pensa che in verdad todos ce que nous av-

que nous avons dans notre tete *ce viè* dictée dall'alto. E noi qui, *ne avemo duo in alto*: uno, quello vestito de blanco che dice d'esser nostro amico e *co* la scusa *de sarvá l'anime cerca puro de entrà* nelle nostre camere da letto, e intanto se ne va dans le monde a *pacificá* popoli e religioni… *er* turista delle anime: *manco* un commesso viaggiatore, un vendeur de voyage ha fait tanti vayages quanto lui! *L'antro* o meglio los otros *no se cureno* des ames, tutt'altro! Loro chiacchierano, bavardent, il savent bavarder, je crois che non sappino fare antro. *E litigheno, e cercheno de tirà* la coperta dalla loro parte… fanno a chi tira *de* più! Intanto si *arricchischeno* con le nostre tasse. Vous etes étranger, no sabe el que pasa in Italia, ma le dico, è fortunata a non essere italiana, a non viver qui… perché mi sembra lei non abita qui…»[3]

Hilde cercò di schermirsi, non aveva nessuna voglia di discutere con uno sconosciuto, su problemi che la lasciavano del tutto indifferente. Un distinto signore, le tempie brizzolate, vestito anche con una certa eleganza per quello che poteva vedere, senza dargli l'impressione di osservarlo, e infine le mani, fini, curate, di chi non le ha mai usate per lavori dozzinali. Senza volerlo fu coinvolta in un flusso di pensieri, considerazioni a basso livello filosofico che intuiva o meglio

[3]«Ma se un uomo non si impegna con la politica, che altro può fare? Siamo tutti schiavi della politica. Nessuno di noi è libero di pensare… sì, tutti pensano di essere liberi, a nessuno viene in mente che noi pensiamo come ci viene ordinato dall'alto. E noi qui ne abbiamo due in alto: uno, quello vestito di bianco che dice di essere nostro amico e con la scusa di salvare le nostre anime cerca di entrare perfino nelle nostre camere da letto. Se ne va per il mondo lui, per salvare anime, pacificare popoli e religioni… il turista delle anime neanche un commesso viaggiatore ha fatto tanti viaggi quanto lui! L'altro o meglio gli altri non si curano delle anime, tutt'altro. Loro chiacchierano, sanno solo parlare, credo che non sappiano fare altro. E litigano cercando di tirare la coperta dalla loro parte… fanno a chi tira di più e non concludono niente. Intanto si arricchiscono con le nostre tasse. Lei è straniera, non sa quello che succede in Italia, ma le dico, è fortunata a non essere italiana, a non vivere qui… perché mi sembra lei non abita qui…» (il corsivo si riferisce alle parole in dialetto romanesco)

ons dans notre tete *ce viè* dictée dall'alto. E noi qui, *ne avemo duo in alto*: uno, quello vestito de blanco che dice d'esser nostro amico e *co* la scusa *de sarvá l'anime cerca puro de entrà* nelle nostre camere da letto, e intanto se ne va dans le monde a *pacificá* popoli e religioni… *er* turista delle anime: *manco* un commesso viaggiatore, un vendeur de voyage ha fait tanti vayages quanto lui! *L'antro* o meglio los otros *no se cureno* des ames, tutt'altro! Loro chiacchierano, bavardent, il savent bavarder, je crois che non sappino fare antro. *E litigheno, e cercheno de tirà* la coperta dalla loro parte… fanno a chi tira *de* più! Intanto si *arricchischeno* con le nostre tasse. Vous etes étranger, no sabe el que pasa in Italia, ma le dico, è fortunata a non essere italiana, a non viver qui… perché mi sembra lei non abita qui…«[4]

Hilde versuchte sich dem zu entziehen, sie hatte keine Lust mit einem Unbekannten über seine Probleme zu reden, die ihr total gleichgültig waren. Ein feiner Herr mit grau meliertem Haar, gewissenhaft, elegant gekleidet, soweit sie erkennen konnte, ohne den Anschein zu geben, dass sie ihn beobachtete und schließlich seine Hände, schmal und gepflegt, die nie für gewöhnliche Arbeiten herhalten mussten. Ohne es zu wollen wurde sie in einen Strom von Gedanken und Annahmen auf

[4]»Doch wenn ein Mann sich nicht mit Politik beschäftigt, was soll er dann tun? Wir sind alle Sklaven der Politik. Niemand von uns ist frei zu denken… ja, jeder denkt, er ist frei, aber niemandem kommt es in den Sinn, dass wir denken, wie es uns von oben geheißen wird. Und wir hier haben zwei über uns: einen, weiß gekleidet, der behauptet unser Freund zu sein und unter dem Vorwand unsere Seelen zu retten sogar versucht in unsere Schlafzimmer einzudringen. Er ist in der Welt unterwegs, um Seelen zu retten, Friede unter Völker und Religionen zu bringen… der Tourist der Seelen… nicht mal ein Handelsvertreter ist so viel auf Reisen, wie er! Der andere, oder besser die anderen, interessieren sich überhaupt nicht für Seelen. Sie reden, sie können nur reden, ich glaube, sie können nichts anderes. Sie streiten und versuchen die Decke an sich zu ziehen… sie spielen Seilziehen und bekommen nichts Zustande. In der Zwischenzeit bereichern sie sich mit unseren Steuern. Sie sind Ausländerin, sie wissen nicht, was in Italien vor sich geht, aber ich sage Ihnen, es ist ein Glück nicht Italienerin zu sein, nicht hier zu leben… denn es scheint mir, Sie wohnen nicht hier…« (Kursiv bezeichnete Wörter im römischen Dialekt).

cercava di interpretare, dato che il suo vocabolario, nonostante il plurilinguismo e le molte lezioni di lingua italiana, era piuttosto limitato.

Faceva fatica a rispondere, anche a seguirlo nelle sue elucubrazioni. Sembrava il classico uomo solo, bisognoso di essere ascoltato. Niente di più. Aveva una voce suadente, piacevole; il suo modo di esprimersi, molto buffo, era sottolineato da una gestualità quasi da commediante da baraccone. Senza contare quel suo modo di guardarla come una vecchia conoscenza, senza sottintesi o ammiccamenti. Man mano che lo osservava qualcosa si scioglieva. La tensione degli ultimi giorni si allentava. Perché no? Un'esperienza nuova, affascinante. Lasciarsi andare… un pensiero attraversò la sua mente: chi ha detto che una donna dopo i cinquant'anni non debba più piacere?

Si era fatto buio. I lampioni accesi avvolgevano di una luce romantica il Giardino degli Aranci. Il distinto signore interruppe un momento il flusso delle sue riflessioni – era arrivato ai ricordi della sua infanzia in provincia – per proporle di andare a bere qualcosa insieme. Hilde accettò di buon grado anche perché ora sperava di cenare con lui. Si avviarono, continuando a chiacchierare: lui magro, di media statura, lei una Walkiria del Nord, altissima e alcuni chili più del necessario.

Uscirono. L'uomo con sicurezza guidò i suoi passi. Hilde lo seguì fiduciosa. Si avvicinò a una macchina, una Fiat o Opel, piccola e piuttosto malandata. Con fare cerimonioso aprì la portiera e la invitò con un ampio gesto del braccio a salire, quasi si fosse trattato di chissà che elegante limousine. Hilde salì, senza riflettere. Lui intanto girò intorno all'auto, dalla parte di dietro e le sedette accanto. Hilde pensò di non aver capito se era stata invitata. Infine il distinto signore avviò il motore mentre lei scoppiava in una risata senza

philosophisch niedrigem Niveau hineingezogen, den sie erahnte oder besser versuchte zu verstehen, da ihr Wortschatz, trotz Mehrsprachigkeit und den vielen Italienisch Stunden doch eher beschränkt war.

Es fiel ihr schwer zu antworten und auch ihm zu folgen in seinen Betrachtungen. Er schien der klassische, einsame Mann zu sein, der einen Zuhörer brauchte. Nicht mehr. Er hatte eine angenehme Stimme, einschmeichelnd; seine Art sich auszudrücken war seltsam, unterstrichen von Gesten, die denen eines Komödianten, Zirkusclowns glichen. Ohne in Betracht zu ziehen, wie er sie ansah, als wäre sie eine alte Bekannte, ohne Hintergedanken und ohne zu liebäugeln. Ganz allmählich löste sich etwas in ihr, während sie ihn ansah. Die Spannung der letzten Tage lockerte sich. Warum nicht? Eine neue, aufregende Erfahrung. Sich gehen lassen… ein Gedanke kam ihr in den Sinn: wer hat gesagt, dass eine Frau über fünfzig nicht mehr attraktiv sei?

Es war dunkel geworden. Die eingeschalteten Lampen tauchten den Giardino degli Aranci in romantisches Licht. Der feine Herr unterbrach kurz den Fluss seiner Überlegungen – er war bei seinen Kindheitserinnerungen auf dem Land angekommen – um ihr vorzuschlagen etwas trinken zu gehen. Hilde nahm gerne an, auch, weil sie hoffte mit ihm zu Abend zu essen. Sie begaben sich auf den Weg, während sie sich weiter unterhielten: er dünn, mittelgroß, sie eine Walküre aus dem Norden, groß und mit ein paar Kilo mehr als nötig.

Sie verließen den Park. Der Mann ging zielstrebig voraus. Hilde folgte ihm vertrauensvoll. Er näherte sich einem Auto, einem Fiat oder Opel, klein und ziemlich schäbig. Feierlich öffnete er die Tür und forderte sie mit einer großzügigen Geste auf einzusteigen, als handele es sich um eine elegante Limousine. Hilde stieg ein ohne nachzudenken. Er ging hinten um das Auto herum und setzte sich neben sie. Hilde dachte, sie habe nicht verstanden, ob er sie eingeladen hatte. Schließlich ließ er den Motor an und sie brach ohne bestimmten Grund in Gelächter aus.

sapere lei stessa perché. Passarono davanti ad alcuni bar ma lui non si fermava. Non c'è parcheggio, diceva, meglio cercare più avanti.

In altri tempi si sarebbe inquietata. Oggi, stordita, lasciò fare, con leggerezza, assaporando quel momento di libertà. Infine, dopo varie curve, si fermò in una strada piuttosto fuori mano. Lì c'era un posteggio, disse, e in realtà riuscì a parcheggiare la macchina senza difficoltà. Qualche isolato più avanti trovò un bar, non per caso. Era chiaro che sapeva dove andare. Il barista lo salutò come una vecchia conoscenza. Hilde ordinò un aperitivo e andò alla toilette. Il bar era vuoto, forse per l'ora tarda. Tornò e bevve in una lunga sorsata. Si sentiva leggera, vuota di pensieri. Stranamente libera.

Si sollevò faticosamente dal letto ma non riuscì a mettersi in piedi. Qualcosa doveva averla svegliata, il rumore di una sedia che cadeva per terra, una porta che si chiudeva, e credette di vedere come la porta, tirata da una mano invisibile, effettivamente fosse sul punto di chiudersi – stava sognando? Si sedette sulla sponda del letto con un solo pensiero che doveva martellare già da ore nella sua testa: „svegliati, svegliati".

Si accorse di non avere niente addosso. Era completamente nuda.

La luce era accesa. Si guardò intorno: dove si trovava? non riconobbe la stanza d'albergo dove era scesa quella mattina, venendo direttamente dall'aeroporto. „Che ore sono?" e cercò il suo orologio. La testa annebbiata, non riuscì a vedere niente. Ci rinunciò. Si chiese come mai fosse nuda, perché non avesse indossato la camicia da notte. Scoprì i suoi vestiti, la biancheria intima, una sola scarpa, l'altra chissà dove, tutto sparpagliato sul pavimento. La sua borsa aperta, rovesciata sul tavolino davanti alla finestra. Un disordine che non le era abituale. Un grido soffocato le uscì

Sie fuhren an mehreren Bars vorbei, doch er hielt nicht an. Es gibt keinen Parkplatz, sagte er, suchen wir weiter.

Früher einmal wäre sie unruhig geworden. Heute ein wenig zerstreut, ließ sie ihn leichthin machen und genoss dabei den Moment der Freiheit. Schließlich hielt er nach vielen Kurven in einer recht abgelegenen Straße. Dort gab es einen Parkplatz, sagte er, und tatsächlich gelang es ihm ohne Schwierigkeiten das Auto zu parken. Ein paar Häuserblocks weiter, fand er, nicht per Zufall, eine Bar. Es war klar, dass er wusste, wohin er ging. Der Barmann grüßte ihn wie einen alten Bekannten. Hilde bestellte einen Aperitif und ging zur Toilette. Die Bar war leer, vielleicht, weil es schon so spät war. Sie kam zurück und nahm einen tiefen Schluck. Sie fühlte sich leicht, gedankenleer. Seltsam frei.

Sie erhob sich mühsam aus dem Bett, doch ihr gelang es nicht aufzustehen. Etwas musste sie geweckt haben, der Lärm eines umfallenden Stuhls, einer Tür, die ins Schloss fiel, – und sie glaubte zu sehen, wie die Tür von unsichtbarer Hand bewegt, dabei war sich zu schließen – träumte sie? Sie setzte sich auf die Bettkante, mit nur einem Gedanken, der schon seit Stunden in ihrem Kopf hämmerte: „aufwachen, aufwachen!“

Sie bemerkte, dass sie nichts anhatte. Sie war komplett nackt.

Das Licht war an. Sie sah sich um: wo war sie? Es war nicht das Zimmer des Hotels, in das sie an jenem Morgen direkt vom Flughafen aus gegangen war. „Wie spät ist es?“ und suchte ihre Uhr. Den Kopf vernebelt, konnte sie sie nicht finden. Sie gab auf. Sie fragte sich, warum sie nackt war, warum sie nicht ihr Nachthemd trug. Sie entdeckte ihre Kleidung, Unterwäsche, einen Schuh, wer weiß wo der andere war, auf dem Fußboden verteilt. Ihre Handtasche offen, auf dem Tischlein am Fenster ausgeleert. Eine Unordnung, die sie nicht gewöhnt war. Ein erstickter Schrei drang aus ihrer Kehle: sie sah, wie sich die Tür

dalla bocca: vide la porta aprirsi leggermente, quasi qualcuno la spingesse da fuori. Raccogliendo tutte le forze si precipitò e fece in tempo a buttarvisi contro, con tutto il peso del suo corpo, mentre con improvvisa presenza di spirito girava la chiave nella serratura.

Respirava affannosamente. Restò appoggiata alla porta qualche minuto. Silenzio. Trattenendo il fiato si mise in ascolto. Dall'altra parte non un passo, non un respiro. Doveva essersi sbagliata. Cercò di raccapezzarsi. Stava sognando? Un incubo, niente altro. Forse non era neanche sveglia. La porta non si era affatto aperta. Cosa le stava accadendo?

E cosa era accaduto?

Cercò di ricapitolare le ultime ore di quella giornata. La sua improvvisa decisione di venire a Roma, da sola, dopo uno dei soliti litigi col marito: „sarà bene non vedersi per qualche giorno" gli aveva gridato in faccia. Non volle ricordare il resto, tre giorni sarebbe rimasta via, non di più.

Rivide il bar solitario, il distinto signore, il suo senso di leggerezza e l'aperitivo. Trasalì. „Mi ha drogato. Ha versato qualcosa nel bicchiere mentre ero via. Una storia che non posso raccontare a nessuno. Chi mi crederebbe? Non posso crederci neanche io." Poi un pensiero la fulminò. Era stata chiaramente a letto con lui, ecco perché era nuda! Ma possibile? Non aveva nessun ricordo.

Quell'uomo aveva belle mani. Il ricordo di quelle mani la sconvolse. Un brivido di ribrezzo e di indignazione la percosse tutta: la tedesca che cerca l'avventura con l'italiano! Troppo banale.

Benché, nella parte più riposta di sè, l'avesse desiderato. Una trasgressione, ecco, un inconfessato desiderio, una nuova esperienza ma anche una punizione, una piccola vendetta nei confronti del marito: dimostrargli che anche lei era capa-

leicht öffnete, als ob sie jemand von außen aufdrückte. Sie nahm ihre ganze Kraft zusammen, stürzte hin und warf sich gerade noch rechtzeitig mit ihrem ganzen Körpergewicht dagegen und drehte mit plötzlicher Geistesgegenwart den Schlüssel im Schloss.

Sie atmete schwer. Sie verharrte einige Minuten an die Tür gelehnt. Stille. Sie hielt den Atem an und lauschte. Von der anderen Seite kam kein Schritt, kein Atmen. Sie musste sich getäuscht haben. Sie versuchte sich wieder zu sammeln. Träumte sie? Ein Albtraum, nichts weiter. Vielleicht war sie nicht einmal wach. Die Tür hatte sich nicht wirklich geöffnet. Was geschah mit ihr?

Was war geschehen?

Sie versuchte die letzten Stunden des vorigen Tages zu rekapitulieren. Ihre plötzliche Entscheidung nach Rom zu kommen, alleine, nach einem der üblichen Streits mit ihrem Mann: „Es wäre gut, wenn wir uns ein paar Tage nicht sehen" hatte er ihr ins Gesicht geschrien. An den Rest wollte sie sich nicht erinnern, drei Tage wäre sie fort geblieben, nicht länger.

Sie sah die abgelegene Bar, den feinen Herren, seine Leichtigkeit und den Aperitif. Sie zuckte zusammen. „Er hat mir etwas verabreicht. Er hat etwas in mein Glas gekippt, als ich nicht da war. Das kann ich nie jemandem erzählen. Wer würde mir glauben? Ich kann es ja selbst nicht glauben." Dann durchzuckte sie ein Gedanke wie ein Blitz. Sie war sicher mit ihm im Bett gewesen, deswegen war sie nackt! War das möglich? Sie konnte sich nicht erinnern.

Der Mann hatte schöne Hände. Die Erinnerung an die Hände erschütterte sie. Ein Schauder der Abscheu und Entrüstung überkam sie: eine Deutsche, die ein Abenteuer mit einem Italiener suchte! Zu banal.

Trotz allem hatte sie es insgeheim gewollt. Ein Ausbrechen, ja, ein uneingestandener Wunsch, eine neue Erfahrung, aber auch eine Strafe, eine kleine Rache an ihrem Mann: ihm zu zeigen, dass auch sie zu einer belanglosen Nacht, einer unbedeuten-

ce di una storia senza importanza, un episodio del tutto trascurabile, come diceva lui, per scusarsi dopo l'ennesima scappatella.

E per questo era stato necessario raggiungere la maturità, per darsi al primo venuto? Questa la libertà che aveva cercato? Aveva permesso che mani sconosciute toccassero, frugassero nelle intimità del proprio corpo, mentre lei si abbandonava a un piacere proibito.

Come una sonnambula si avvicinò al letto, si sedette, rigida, impietrita. Cercò di raccogliere i propri pensieri. Il suo corpo portava ancora l'impronta di quelle mani, confusamente lo sentiva; ricordi balenarono improvvisi per sparire subito dopo, quasi schegge di luce che si sovrapponevano l'uno sull'altro in una ridda snervante. Toccamenti, carezze brusche, sensazioni vaghe di piacere, il superamento di una zona di inibizioni che la sconvolgeva. Come cancellare tutto questo, come porre una veto ai ricordi, come impedire che tornassero alla superficie?

Ma voleva cancellare tutto?

Infine sentì freddo, la stanza non era riscaldata e restar seduta sul letto non aveva senso. Si alzò e si guardò intorno: un luogo assai modesto per non dire misero. Neanche pulito. In quale spelonca era capitata? Ci fosse stata almeno una doccia, avrebbe potuto riscaldarsi e forse cancellare le impronte di quelle mani.

Si rimise a letto e si addormentò di colpo; un sonno pesante con nel sottofondo un pensiero angoscioso „mi devo svegliare, mi devo svegliare".

Un raggio di sole che batteva direttamente sul viso la costrinse ad aprire gli occhi. Finalmente sveglia guardò le pareti di quella stanza e per qualche secondo non capì dove si trovava. Cercò la sua camera da letto, l'armadio, la specchiera, tutti gli oggetti a lei così familiari. Poi ricordò. „Sono a

den Affäre, wie er es nannte, um den zigsten Seitensprung zu rechtfertigen, fähig war.

Und dafür war es notwendig gewesen diese Reife zu erlangen, um sich dann dem erstbesten hinzugeben? War das die Freiheit, die sie gesucht hatte? Sie hatte es zugelassen, dass unbekannte Hände sie berührten, die intimsten Teile ihres Körpers untersuchten, während sie sich dem verbotenen Genuss hingab.

Nachtwandlerisch begab sie sich zurück ans Bett, setzte sich, steif, versteinert. Sie versuchte ihre Gedanken zu sammeln. Ihr Köper trug noch die Spuren dieser Hände, verwirrt fühlte sie sie; Erinnerungen blitzen kurz auf, um sofort wieder zu verschwinden, fast wie Splitter aus Licht, die sich übereinander mengten in einem nervenaufreibenden Reigen. Berührungen, brüske Liebkosungen, vage Empfindungen der Lust, die Überwindung einer Hemmschwelle, die sie erschütterte. Wie konnte sie es auslöschen, wie die Erinnerungen zurückdrängen, wie ihnen verbieten, wieder zu kehren?

Aber wollte sie das alles auslöschen?

Schließlich wurde ihr kalt, das Zimmer war nicht beheizt und auf dem Bett zu sitzen hatte keinen Sinn. Sie erhob sich und sah sich um: ein recht bescheidener, um nicht zu sagen schäbiger Ort. Nicht mal sauber. In was für eine Absteige war sie hier geraten? Wenn es wenigstens eine Dusche gegeben hätte, dann hätte sie sich wärmen können und vielleicht die Spuren jener Hände gelöscht.

Sie legte sich wieder ins Bett und schlief sofort ein; ein schwerer Traum mit einem ängstlichen Gedanken im Hintergrund „ich muss aufwachen, ich muss aufwachen.“

Ein Sonnenstrahl, der direkt in ihr Gesicht schien, zwang sie die Augen aufzuschlagen. Endlich wach, betrachtete sie die Wände des Zimmers und für einen Augenblick verstand sie nicht, wo sie sich befand. Sie suchte nach ihrem Schlafzimmer, Schrank, Spiegeltisch, all den wohl bekannten Objekten. Dann

Roma". Ripassò come in un film le strade che aveva percorso, il Circo Massimo, la salita fin sull'Aventino, la chiesa di Santa Sabina, il Giardino degli Aranci e poi un uomo. Un bar. C'era ancora qualcosa che le sfuggiva: come era arrivata in quella stanza? Un vuoto nel cervello. Lasciò perdere e cercò il suo orologio. Era appoggiato sul comodino. Le dieci. Si alzò a precipizio, non era venuta a Roma per starsene a letto fino alle dieci. Si vestì stupita di vedere la propria roba sparsa per terra, la borsetta rovesciata. Rimise tutto a posto e cercò la sua collana, l'unico gioiello che portava sempre, regalo del marito per il venticinquesimo anniversario di matrimonio. Una collana particolare: minuscoli tronchetti di platino che si alternavano ad altri di oro punteggiati da piccoli brillanti, un lavoro pregiatissimo, di valore. Cercò dappertutto, anche sotto il letto, in ogni angolo della stanza: oltre a una quantità di polvere non trovò nulla. La collana era sparita. Che l'avesse persa per strada? Si sedette sulla sponda del letto, rossa in viso, agitata. Come era potuto accadere? Infine si calmò e decise di fare colazione, il suo stomaco stranamente protestava. Non ricordava di aver cenato.

Andò in un bar e si mise in fila davanti alla cassa. Cercò il portafoglio, lo aprì. Vuoto. Neanche un soldo. Niente. Era stata derubata. E come, quando e perché era rimasto solo il portafoglio? Cercò affannosamente in una tasca laterale della borsetta dove era solita mettere i documenti personali, il passaporto, la patente. Tirò un respiro di sollievo, tutto era ancora lì. Anche il biglietto dell'aereo. Poi un tuffo al cuore. La sua carta di credito. Dove era finita? Uscì dal bar.

Fuori l'accolse Roma in tutta la sua bellezza settembrina: il sole, l'aria leggermente frizzante, il cielo azzurro, e quell'atmosfera vagamente festosa che incanta tanto gli stranieri.

erinnerte sie sich. „Ich bin in Rom“. Sie ging wie im Film die Straßen durch, die sie entlanggegangen war, den Circus Maximus, den Aufstieg zum Aventino, die Kirche von Santa Sabina, den Giardino degli Aranci und dann der Mann. Die Bar. Da war noch etwas, das ihr entging: wie war sie in dieses Zimmer gekommen? Eine Gedächtnislücke. Sie ließ es bleiben und suchte nach ihrer Uhr. Sie lag auf der Kommode. Zehn Uhr. Sie sprang auf, sie war nicht nach Rom gekommen, um bis zehn im Bett zu bleiben. Sie zog sich an, überrascht, ihre Kleidung auf dem Boden verstreut zu sehen, die Tasche ausgeleert. Sie räumte sie wieder ein und suchte nach ihrer Kette, dem einzigen Schmuck, den sie immer trug, ein Geschenk von ihrem Mann zum fünfundzwanzigsten Hochzeitstag. Eine besondere Kette: kleine Platin-Verästelungen, die in goldene übergingen, auf denen sich kleine Brillanten befanden, eine kostbare Arbeit, wertvoll. Sie suchte überall, auch unter dem Bett, in jedem Winkel des Zimmers: außer viel Staub, fand sie nichts. Die Kette war verschwunden. Ob sie sie auf der Straße verloren hatte? Sie setzte sich auf die Bettkante, rot im Gesicht, aufgeregt. Wie konnte das passieren? Schließlich beruhigte sie sich wieder und beschloss frühstücken zu gehen, ihr Magen rebellierte auf ungewohnte Weise. Sie konnte sich nicht daran erinnern zu Abend gegessen zu haben.

Sie ging in eine Bar und stellte sich an der Kasse an. Sie suchte ihre Geldbörse und öffnete sie. Leer. Kein Cent. Nichts. Sie war beraubt worden. Und wie, wann und warum war ihr nur die Geldbörse geblieben? Sie suchte fiebrig in der Seitentasche ihrer Tasche, wo sie normalerweise ihren Ausweis, den Reisepass, den Führerschein bei sich trug. Sie atmete erleichtert auf, alles war noch da. Auch das Flugticket. Dann ein Stich ins Herz. Ihre Kreditkarte. Wo war die abgeblieben? Sie verließ die Bar.

Draußen empfing sie Rom in seiner spätsommerlichen Schönheit: die Sonne, die leicht prickelnde Luft, der strahlend blaue Himmel und die fast schon feierliche Stimmung, die die Ausländer so sehr bezaubert.

La mantenuta[5]

Un caldo pomeriggio di agosto, lungo e silenzioso come la morte.

In quelle ore interminabili, quando il tempo sembra fermarsi e i muri delle case si dilatano nell'attesa di qualcosa che poi non accade, e basterebbe una porta che sbatte da qualche parte per un improvviso colpo di vento, un filo d'aria proveniente dal mare, lo squillo del telefono o ancora meglio una visita inaspettata, per scuotere case e persone da quell'apatia millenaria, e meglio sarebbe dire, da quel sonno pesante e senza sogni, nel quale sprofonda tutta l'isola.

In uno di questi pomeriggi, mia madre prese l'eroica decisione di andare a fare quattro chiacchiere con una sua vecchia amica d'infanzia. Io, lo volessi o no, fui costretta ad accompagnarla: nella Sicilia degli anni Cinquanta non era lecito per una donna perbene uscire da sola, a meno che non andasse a lavorare, ma le donne che lavoravano erano pochissime. Una regola, forse una legge non scritta, cui si sottomettevano quasi tutte per un'abitudine ormai secolare; credo nessuna si fosse mai posta domande, veniva accettata supinamente, senza protestare. Un dato di fatto, niente di più.

La casa della *Za'Itina*[6], l'amica di mia madre, sembrava lievitare di giorno in giorno: su un basso[7], di sua proprietà, i suoi numerosi figli e generi avevano cominciato a costruire

[5]Primo premio cittá di Cerda 2006

[6]Zia Agatina

[7]Casa a pianterreno, una stanza senza finestra, senza acqua corrente, molto primitiva.

Santina[8]

Ein warmer Nachmittag im August, lang und still wie der Tod.

In diesen endlosen Stunden, wenn die Zeit stehen zu bleiben und die Wände sich auszudehnen scheinen, in der Erwartung auf etwas, das dann doch nicht passiert, würde es reichen, wenn eine Türe irgendwo, wegen eines plötzlichen Windstoßes, eines Lüftchens vom Meer, zuschlüge, das Telefon klingelte oder noch besser ein unerwarteter Besuch käme, um die Häuser und Menschen aus ihrer jahrhundertealten Apathie aufzurütteln, oder besser gesagt, aus diesem tiefen, traumlosen Schlaf, in den die Insel versunken war.

An einem dieser Nachmittage traf meine Mutter die heldenhafte Entscheidung eine alte Freundin aus Kindheitstagen zu besuchen. Und ich, ob ich wollte oder nicht, wurde dazu gezwungen mitzugehen: im Sizilien der Fünfziger Jahre war es anständigen Frauen nicht gestattet alleine auszugehen, außer sie gingen zur Arbeit, doch nur sehr wenige Frauen arbeiteten. Eine Regel, vielleicht ein ungeschriebenes Gesetz, dem sie sich alle vielleicht aus jahrhundertelanger Gewohnheit unterwarfen; ich glaube, keine hat das je hinterfragt, es wurde bedingungslos, ohne Protest akzeptiert. Eine Tatsache, mehr nicht.

Das Haus von *Za'Itina*[9], der Freundin meiner Mutter, schien von Tag zu Tag zu wachsen: auf einem Basso[10], das ihr gehörte, hat-

---

[8]Die Erzählung erhielt den ersten Preis des Literaturwettbewerbes città di Cerda 2006

[9]Tante Agatina

[10]Ebenerdiges Haus mit nur einem Raum ohne Fenster, ohne fließendes Wasser, sehr einfach.

un primo piano, neanche a dirlo abusivo, cui sarebbe seguito un secondo e forse un terzo piano. Questi i loro progetti. La scala era già pronta; i gradini di pietra, in parte sostituiti da assi di legno per il trasporto dei materiali di costruzione, finivano per modo di dire in cielo. Si aveva l'impressione di entrare in un vero e proprio cantiere: sacchi di cemento, mattoni, carriole, arnesi vari ne ingombravano il passaggio. Salire quella scala era un'avventura.

Ogni volta che andavamo lì non sapevamo mai cosa ci avrebbe aspettato: un litigio furioso fra fratelli e cognati, sempre con la madre in mezzo, appunto la *Za'Itina*, che cercava di pacificare gli animi nel suo modo esuberante, autoritario; qualcuno con un piatto di maccheroni fumanti in mano che mangiava con rabbia, quasi fosse sul punto di morire di fame; il marito a letto, paralizzato da non so che reumatismi, che si lamentava e bestemmiava; bambini ovunque che giocavano, si rincorrevano strillando a più non posso.

Già dalle scale sentimmo l'aria surriscaldata, la solita agitazione, lo strepito cui ormai eravamo abituate, con la differenza che questa volta si trattava solo di voci femminili. Ma non litigavano, anzi qualche risata stridente risuonava qua e là: che si festeggiasse qualcosa?

Non eravamo neanche entrate che subito mia madre venne circondata da uno stuolo di donne: figlie, nuore e chissà quali altre parenti o vicine di casa, più una quantità di bambini che sgusciavano da tutte le parti. Sembrava si fossero date appuntamento per discutere su un argomento scottante, di grandissima attualità.

Si stava commentando il fatto del giorno: una "*malafemmina*"[11] era venuta ad abitare un basso proprio di fronte alla loro casa!

---

[11]Donna cattiva. Vocabolo reso famoso da una canzone di Totò del 1951.

ten ihre vielen Söhne und Schwiegersöhne angefangen einen ersten Stock zu bauen, was natürlich rechtswidrig war, und dem ein zweiter und vielleicht dritter Stock folgen sollte. Das waren ihre Pläne. Die Treppe war schon fertig; die Steinstufen für den Transport von Baumaterialien zum Teil durch Holzbretter ersetzt, endeten quasi im Himmel. Man hatte das Gefühl in eine Baustelle einzutreten: Zementsäcke, Ziegelsteine, Schubkarren, verschiedenes Werkzeug, das den Weg versperrte. Diese Treppe hinauf zu steigen war abenteuerlich.

Jedes Mal, wenn wir dort hingingen, wusste ich nicht, was uns erwarten würde: ein wütender Streit zwischen Brüdern und Schwägern, die Mutter immer mittendrin, eben diese *Za'Itina*, die versucht die Gemüter in ihrer temperamentvollen, bestimmenden Art zu beruhigen; jemand, der einen Teller dampfender Maccheroni in der Hand hält und wütend isst, als wäre er kurz davor, vor Hunger zu sterben; der Ehemann im Bett, gelähmt von, ich weiß nicht welchen, rheumatischen Erscheinungen, der sich beschwert und flucht; überall Kinder, die spielen, sich schreiend hinterherrennen, so laut es nur geht.
Schon auf den Stufen spüren wir die erhitzte Atmosphäre, die übliche Aufregung, das Gepolter, an das wir inzwischen gewöhnt waren, mit dem Unterschied, das man diesmal nur Frauenstimmen vernahm. Doch sie stritten nicht, man konnte sie sogar lachen hören, feierten sie etwas?

Wir waren kaum eingetreten, als meine Mutter schon von einer Schar Frauen umringt wurde: von Töchtern, Schwiegertöchtern und wer weiß wie vielen anderen Verwandten oder Nachbarinnen, plus einer Handvoll Kinder, die überall herumkrochen. Es schien, sie hätten sich verabredet, um ein brisantes, brandaktuelles Thema zu diskutieren.

Man besprach das Ereignis des Tages: eine „*Malafemmina*"[12] war in das Basso direkt gegenüber eingezogen!

---

[12]Schlechtes Weib. Der Begriff „Malafemmina" wurde durch ein Lied von Toto 1951 bekannt.

Io non potei fare a meno di drizzare le orecchie. Una parola, della quale non potevo afferrare il significato, mi incuriosì, per l'interesse smisurato, anzi morboso per la persona cui si riferiva, il modo di pronunciare quella „parola" che passava di bocca in bocca, ma anche il disprezzo unito a una sorta di invidia, in una confusione di sentimenti contrastanti: „*mantenuta*".

Conoscevo il significato del verbo mantenere, ma il suo participio acquistava ora un qualcosa di equivoco, di oscuro: si trattava forse di un nuovo uso di questa parola, oppure nascondeva un doppio senso, una nuova ambiguità, addirittura un'oscenità? (In quella casa i doppi sensi osceni non erano certo una novità). Infine, che relazione poteva avere una *mantenuta* con una *malafemmina?* Da pezzi di frasi, esclamazioni, parole sconnesse che si sovrapponevano in un'atmosfera sempre più eccitata, riuscii a cucire insieme la storia, del tutto romanzesca, della cosiddetta *mantenuta.*

Trasalendo, dalla descrizione che afferrai di volata, mi sembrò di riconoscere una persona che già da tempo aveva attirato la mia attenzione perché diversa dalle altre. La vedevo passare sotto i balconi di casa mia. Sempre sola. Si fermava un momento per scambiare qualche parola frizzante con un giovane cocchiere, anch'esso una mia vecchia conoscenza dato che parcheggiava la sua carrozzella[13] proprio di fronte a casa mia, e proseguiva poi in direzione centro città. Notavo sempre che al suo avvicinarsi gli altri cocchieri, ridacchiando fra di loro, si scostavano per lasciarli soli. Il giovane, un bell'uomo dai capelli neri ricci sovraccarichi di brillantina, due baffetti alla Clark Gable, borioso e attaccabrighe, aveva il fascino tipico del maschio prepotente che allora mi turbava. Aveva l'abitudine di ripetere in tono sprezzante una fra-

[13]Ancora alla fine degli anni 50 in Sicilia era molto in uso la carrozzella, sostituita in seguito dai taxi.

Ich konnte nicht anders und spitzte die Ohren. Das Wort, dessen Bedeutung ich nicht erfassen konnte, weckte meine Neugierde, unermessliches, ja krankhaftes Interesse für die Person, auf die es sich bezog, durch die Art dieses „Wort" auszusprechen, das von Mund zu Mund ging, doch auch die Verachtung gemischt mit einer Art Neid, in der Verwirrung gegensätzlicher Gefühle: „eine ausgehaltene Frau".

Ich kannte die Bedeutung des Wortes ‚aushalten', aber das Partizip gewann etwas Doppeldeutiges, Dunkles: handelte es sich vielleicht um einen neuen Gebrauch dieses Wortes, oder barg es einen doppelten Sinn, eine neue Ambiguität, oder sogar eine Obszönität? (In diesem Haus waren doppeldeutige Obszönitäten ja nichts Neues). Und schließlich, welches Verhältnis bestand zwischen einer *Malafemmina* und einer ausgehaltenen Frau? Von Satzbruchstücken, Ausrufen, unzusammenhängenden Worten, die in einer immer weiter aufgeladenen Atmosphäre durcheinander schwirrten, gelang es mir, deren sehr romanhafte Geschichte zusammenzuflicken.

Die Beschreibung, die ich aufschnappte, ließ mich zusammenfahren, denn mir schien, ich erkannte darin eine Person wieder, die schon seit Längerem meine Aufmerksamkeit auf sich zog, da sie anders war, als die anderen. Ich sah sie unter den Balkonen unseres Hauses vorbeigehen. Immer allein. Sie hielt kurz inne, um ein paar Worte mit einem jungen Kutscher zu wechseln, auch er war ein alter Bekannter von mir, da er seine Kutsche[14] direkt gegenüber von uns parkte. Dann ging sie Richtung Stadtzentrum weiter. Mir fiel immer auf, dass die anderen Kutscher anfingen untereinander hämisch zu kichern und die beiden alleine ließen, wenn sie sich näherte. Der junge, schöne Mann mit schwarzen Locken, in denen zu viel Brillantine war, und einem Schnurbart à la Clark Gable, war ein Wichtigtuer und ein Streithammel, er hatte die typische Faszination eines

[14]Noch Ende der 50er Jahre waren diese Kutschen vielfach in gebrauch, die dann allmählich durch Taxis ersetzt wurden.

se della quale sembrava essere molto fiero: „ho dimenticato la giacca in carcere... devo tornare a prenderla". Più di una volta lo avevo visto coinvolto in un duello rusticano, cosa che accentuava la mia attrazione-repulsione.

Lei non doveva essere meno battagliera di lui, così sembrava a me, bambina ignara del mondo, ma attenta osservatrice delle stranezze umane: la vedevo infatti scendere dal fondo della Via del Velo, quasi sempre deserta, e la riconoscevo subito da lontano. Al contrario di ogni donna "perbene," lei camminava in mezzo alla strada, ancheggiando con spavalderia come una che non ha più niente da perdere. Io ci vedevo una certa provocazione, una sfida, mentre con ogni probabilità voleva soltanto imitare l'andatura di Rita Hayworth, alias *Gilda,* film che in quel periodo furoreggiava all'Arena Grande, un cinema rionale all'aperto dove la sera si riuniva un pubblico misto di gente *„onorata"*[15] e no. Ma lei non aveva i capelli rossi sciolti sulle spalle, e tanto meno le forme prorompenti tipiche delle dive del dopoguerra. Eccettuato il suo modo di camminare, il suo aspetto sobrio, la severità che emanava da tutta la persona mai avrebbe lasciato supporre in lei quello che, secondo l'opinione comune, caratterizza una donna disonorata. Di media statura, magra ma ben costruita, sempre vestita di nero, stretta in un corsetto secondo la moda del tempo, i capelli scuri, lucidi, tirati in un nodo dietro la nuca, non era truccata. Neanche un filo di rossetto. Le sopracciglia del tutto depilate, si riducevano a un segno sottilissimo di matita nera.

Una linea rossa, una grande cicatrice attraversava per lungo

---

[15]Col termine „onorata società" in Sicilia si definiscono le persone appartenenti al mondo della criminalità.

überheblichen Mannes, was mich damals beunruhigte. Er hatte die Angewohnheit einen Satz, auf den er stolz zu sein schien, in geringschätzigem Ton zu wiederholen: „Ich habe meine Jacke im Knast vergessen... ich muss zurück, um sie zu holen." Mehr als einmal habe ich ihn in eine Prügelei verstrickt gesehen, etwas, das meine Anziehung-Abneigung noch verstärkte.

Sie konnte nicht viel weniger kämpferisch sein als er, so schien es mir unwissendem Kind, doch guter Beobachterin menschlicher Eigentümlichkeiten: ich sah sie tatsächlich weit hinten aus der Via del Velo kommen, die fast immer wie ausgestorben war und erkannte sie sofort von weitem. Im Gegensatz zu jeder „anständigen" Frau ging sie in der Straßenmitte, wiegte sich dabei dreist in den Hüften, wie jemand, der nichts mehr zu verlieren hat. Ich sah darin eine gewisse Provokation, eine Herausforderung, während sie höchstwahrscheinlich nur die Art zu gehen von Rita Hayworth alias *Gilda* nachahmen wollte, ein Film der gerade in der Arena Grande, dem Freiluft-Kino des Viertels vor gemischtem Publikum, teils „*onorata*[16]" und teils nicht, lief. Doch sie hatte keine roten offenen Haare, die ihr über die Schultern fielen und auch nicht die ungestümen Formen, die typisch für die Diven der Nachkriegszeit waren. Bis auf ihre Art zu gehen, strahlte ihr nüchternes Aussehen die Strenge ihrer ganzen Person aus, das nie das vermuten lassen würde, was nach der mehrheitlichen Meinung eine entehrte Frau ausmachte. Sie war mittelgroß, mager, aber gut gebaut, immer schwarz angezogen, in ein Korsett gezwängt, was damals der Mode entsprach, die dunklen, glänzenden Haare waren im Nacken zu einem Knoten gebunden. Dabei nicht mal ein Hauch Lippenstift. Die komplett gezupften Augenbrauen waren nur noch durch eine zarte Kayallinie angedeutet.

Eine rote Linie, eine große Narbe, verlief quer über ihre ge-

---

[16]Eigentlich „ehrenhaft", man bezeichnet damit in Sizilien Mitglieder der Mafia

tutta la guancia sinistra: uno sfregio assai visibile su un viso dalla carnagione scura, scavato, come divorato da una febbre antica. Teneva la testa alta e guardava diritto davanti a sé. Anche questo avevo notato, dato che mia madre non si stancava di predicare che una donna perbene deve tenere sempre gli occhi bassi, soprattutto per strada. Non era una bellezza, ma c'era in lei qualcosa di inquietante, di sprezzante, come di chi sta al disopra. Al disopra di che? Delle convenzioni sociali? Della morale bigotta? Per me quell'atteggiamento significava solo un'affermazione di libertà e di superiorità: lei aveva tagliato i ponti con le tradizioni ammuffite cui tutte le donne, senza protestare, si sottomettevano; lei camminava in mezzo alla strada, sola e a testa alta.

E io, nella mia estrema ingenuità, l'ammiravo.

Ora venivo a sapere che era una cosa? Una *mantenuta,* una *malafemmina.*

A quanto potei capire, quel cocchiere la manteneva, nonostante non fossero sposati. E questo è disonorevole, vociavano le donne all'unisono. Lei non voleva impegnarsi legalmente, non voleva sposarsi, pur continuando a convivere nella stessa casa. Peró si lasciava mantenere da lui: uno scandalo!

Forse per la prima volta mi trovai confrontata con una nuova visione delle convenzioni sociali: il valore di certi legami, il cosiddetto onore, il significato del matrimonio, che permette a una donna di farsi "mantenere" da un uomo senza alcuna riserva morale o sociale solo per un diritto stabilito dalla legge: in cambio di che cosa? Dovetti concludere che anche mia madre era una mantenuta, così pure tutte le donne sposate che conoscevo.

Questa sì che fu una scoperta.

Intanto che le donne continuavano a strapparsi le parole di bocca, cercando di soverchiare le altre con espressioni

samte linke Wange: ein gut sichtbarer Schnitt auf dem dunklen, eingefallenen Gesicht, wie von einer vergangenen Leidenschaft hineingefressen. Sie trug den Kopf hoch und sah geradeaus nach vorne. Auch das habe ich bemerkt, da meine Mutter nicht müde wurde zu predigen, dass eine anständige Frau immer nach unten blicken sollte, vor allem auf der Straße. Sie war keine Schönheit, doch sie hatte etwas Beunruhigendes, Hochmütiges an sich, wie jemand, der darüber steht. Worüber? Über den sozialen Konventionen? Über der bigotten Moral? Für mich bedeutete diese Haltung nur einen Ausdruck von Freiheit und Überlegenheit: sie hatte die Brücken zu den verstaubten Traditionen abgebrochen; sie lief in der Straßenmitte, alleine und mit erhobenem Kopf.

Und ich, in meiner extremen Naivität, bewunderte sie.

Nun erfuhr ich, was sie war. Eine, die sich von einem Mann aushalten ließ, eine *Malafemmina.*

So wie ich das verstand, sorgte der Kutscher für ihren Unterhalt, obwohl sie nicht verheiratet waren. Und das sei unehrenhaft, schrien die Frauen im Chor. Sie wollte sich nicht rechtskräftig binden, sie wollte nicht heiraten und trotzdem mit ihm im gleichen Haus leben. Und sie ließ sich von ihm aushalten: ein Skandal!

Vielleicht sah ich mich nun zum ersten Mal mit einer neuen Version sozialer Konventionen konfrontiert: dem Wert bestimmter Verbindungen, die sogenannte Ehre, die Bedeutung der Ehe, die es einer Frau erlaubt sich von einem Mann „aushalten" zu lassen, ohne moralische oder soziale Vorbehalte, nur aufgrund des Rechts, das vom Gesetz herrührte: Im Gegenzug wofür? Ich musste schlussfolgern, dass sich auch meine Mutter aushalten ließ, genau wie alle verheirateten Frauen, die ich kannte.

Das war eine unglaubliche Entdeckung.

Die Frauen zerrissen sich weiter die Münder, versuchten die anderen mit immer aufregenderen Ausdrücken zu übertönen.

sempre più concitate, Io prendevo una decisione molto importante per il resto della mia vita di donna: mai avrei permesso a un uomo di mantenermi. Mai mi sarei sposata. Io non volevo essere una *mantenuta.*

La cosiddetta "*mantenuta*" era vedova, e secondo l'opinione generale, non superava i trent'anni. Portava il lutto, un'ultima concessione agli usi della società nella quale viveva, per il marito morto ammazzato in circostanze misteriose. Nessun testimone né prove sufficienti erano state trovate per incolpare qualcuno: ma c'era chi sosteneva che lei o l'amante, il cocchiere imbrillantinato, ne fossero i responsabili. Lo sfregio sul viso, che esibiva con fierezza quasi si trattasse di un segno di amore assoluto, era l'ultimo ricordo e la sola eredità lasciatale dal marito. Forse un atto di vendetta per precluderle un reinserimento nella società, in un prossimo futuro.

Si chiamava Santina Uggeri o Uzzeri, e alcuni anni prima la sua fotografia era apparsa sulla cronaca nera dei giornali cittadini per un fatto di sangue, rimasto non chiarito, si diceva, per la caparbietà della donna. A ogni domanda rispondeva solo: „Sono affari miei. Non devo rendere conto a nessuno". Non servirono le minacce né qualche mese di prigione. L'amico del marito, appunto il cocchiere di mia conoscenza, ammise di essersi trovato per caso in compagnia di Santina: era venuto solo a salutarla, trovandosi a passare da quelle parti. Il marito, sopraggiunto in ora insolita, in un attacco di gelosia, secondo lui del tutto ingiustificata, si era slanciato contro la moglie con l'intenzione di ucciderla: solo la sua pronta reazione aveva evitato il peggio. La moneta affilatissima che serviva appunto per sfregiare ma anche per tagliare la carotide con un colpo secco, la prese solo di striscio, sulla guancia sinistra.

Ich kam zu einer sehr wichtigen Entscheidung für den Rest meines Lebens als Frau: ich würde es nie einem Mann erlauben mich auszuhalten. Ich würde nie heiraten. Ich wollte mich niemals aushalten lassen.

Die sogenannte „*Ausgehaltene*" war Witwe, und der allgemeinen Meinung nach war sie nicht über dreißig Jahre alt. Sie trug Trauer, ein letztes Eingeständnis den Bräuchen der Gesellschaft gegenüber, in der sie lebte, wegen ihres Mannes, der unter mysteriösen Umständen umgebracht worden war. Weder Zeugen noch ausreichend Beweise konnten gefunden werden, um jemanden anzuklagen: doch es gab Behauptungen, dass sie oder ihr Liebhaber, der geschniegelte Kutscher, dafür verantwortlich waren. Die Narbe auf ihrem Gesicht, die sie mit Stolz zur Schau stellte, als handle es sich um ein Zeichen der wahren Liebe, war die letzte Erinnerung und das einzige Erbe, das ihr von ihrem Mann geblieben war. Vielleicht ein Racheakt, um ihr den Weg in eine mögliche Zukunft, in die Wiedereingliederung in die Gesellschaft zu versperren.

Sie hieß Santina Uggeri oder Uzzeri und vor mehreren Jahren war ihr Bild in den Nachrichten der städtischen Zeitungen wegen einer Bluttat erschienen, die nicht aufgeklärt werden konnte, man sagte wegen der Hartnäckigkeit der Frau. Auf jede Frage antwortete sie nur: „Das ist mein Bier. Ich muss mich vor niemandem rechtfertigen". Da halfen weder Drohungen noch Monate im Gefängnis. Ein Freund des Ehemannes, eben dieser mir bekannte Kutscher, gab an, sich zu dem Zeitpunkt in Begleitung von Santina befunden zu haben: er war nur gekommen, um sie zu grüßen, weil er in der Nähe war. Ihr Ehemann, der zu ungewöhnlicher Stunde dazu kam, stürzte sich von Eifersucht erfüllt auf die Frau, um sie zu töten, seiner Meinung nach völlig ungerechtfertigt: nur seine schnelle Reaktion hatte das Schlimmste verhindern können. Die extrem scharf geschliffene Münze, die geeignet war jemanden zu verunstalten, doch auch um die Halsschlagader mit einem einzigen Hieb zu durch-

Il giorno dopo fu trovato il suo cadavere vicino casa. Accoltellato. Non si seppe mai altro.

Da un'inchiesta della polizia, che del resto lo conosceva molto bene, vennero alla luce altri precedenti dell'ucciso, storie di violenze, affari loschi in cui era stato coinvolto più di una volta.

Si conobbero anche alcuni particolari sulla vita di Santina: dagli atti della polizia risultò che la ragazza, non ancora tredicenne, aveva denunciato il padre per violenza carnale. Si è mai sentita una simile enormità? Protestavano le donne. Una figlia che denuncia il padre! E per che cosa, poi? Io non sapendo cosa fosse la violenza carnale, trovai la storia del tutto incomprensibile. Affidata a una vecchia zia, essendo orfana di madre, era andata a servizio per una decina d'anni presso una signora che viveva da sola. La sera, dopo il lavoro, andava a casa dalla zia, a quanto pare una megera, alla quale doveva consegnare tutto il suo magro salario fino all'ultimo centesimo.

Una sera, tornando dal lavoro, da un portone aperto solo a metà, un braccio d'uomo energico, deciso, la tirò dentro nel buio dell'androne. Paralizzata dalla sorpresa e dal terrore non seppe reagire; due mani la brancicarono tutta, mentre col corpo la premeva contro il muro, impedendole di scappare. Dopo brevissima lotta gli riuscì di "infilarle la lingua nella bocca, quello schifoso".

Inutile dire che non capii un bel niente di quella storia della lingua. Solo che era un atto schifoso e che era bene stare in guardia dagli androni bui.

A nulla valsero i pugni, i morsi, i calci, le grida soffocate. A casa non osò raccontare nulla alla zia, tanto non le avrebbe creduto. Semmai avrebbe anche detto che era stata lei a provocarlo. Qualche settimana dopo la zia le annunziò la visita del suo futuro sposo. Santina vide davanti a sé l'uomo

trennen, streifte sie nur auf der linken Wange.

Am Tag darauf wurde seine Leiche in der Nähe des Hauses gefunden. Erstochen. Genaueres erfuhr man nicht mehr.

Nachforschungen der Polizei, die ihn übrigens gut kannte, brachten weitere Geschichten über Gewalt und krumme Geschäfte, in die er mehr als einmal verstrickt war, ans Licht.

Man erfuhr auch einige Details über Santinas Leben: aus den Akten der Polizei ging hervor, dass sie als Mädchen, damals noch keine dreizehn Jahre alt, ihren Vater wegen Notzucht angeklagt hatte. ‚Hat man so etwas jemals gehört?‘, protestierten die Frauen. Eine Tochter, die den Vater anzeigt! Und wofür denn? Ich wusste nicht was Notzucht war und die Sache blieb mir unverständlich. Sie wurde einer alten Tante anvertraut, da sie mütterlicherseits Waise war, sie war ein Dutzend Jahre im Dienst einer Frau, die alleine lebte. Am Abend nach der Arbeit ging sie nach Hause zur Tante, ihrerseits eine alte Hexe, der sie ihren mageren Lohn bis auf den letzten Cent abliefern musste.

Eines Abends, als sie von der Arbeit kam, zog ein Männerarm sie energisch und entschlossen durch ein halb geschlossenes Tor in das Dunkel des Hausflurs. Gelähmt vor Überraschung und Angst konnte sie nicht reagieren; zwei Hände begrapschten sie überall, während er sie mit dem Körper gegen die Wand presste, um sie daran zu hindern wegzulaufen. Nach nur kurzem Kampf gelang es ihm „ihr die Zunge in den Mund zu schieben, diesem Ekel."

Ich muss sicher nicht erwähnen, dass ich das mit der Zunge nicht verstand. Nur, dass es wirklich eine eklige Tat war und es gut war sich vor dunklen Hauseingängen zu hüten.

Die Schläge, Bisse, Tritte, die erstickten Schreie halfen nicht. Zu Hause traute sie sich nicht der Tante davon zu erzählen, die ihr eh‘ nicht geglaubt hätte. Diese hätte allenfalls behauptet, sie hätte es selbst provoziert. Einige Wochen später kündigte ihr die Tante den Besuch ihres zukünftigen Bräuti-

che l'aveva offesa dentro quel portone buio e che da allora la seguiva ogni sera fino a casa, quasi per proteggerla da altri uomini.

Sembra proprio una storia da romanzo a fumetti, tipo „*Grand Hotel*"[17].

Che le donne stessero inventando una storia, così come avrebbero voluto che fosse, non potei mai appurare: era chiaro che la vicinanza di quella donna accendeva la loro fantasia. Senza contare che si sentivano minacciate più o meno da vicino: i loro uomini reagivano già al fascino di quella *malafemmina*. Ne erano attratti e perché no, stimolati.

Mi sembrava di aver sentito abbastanza e approfittando di un momento di particolare confusione uscii sulla strada. Vidi subito il basso di fronte, la porta spalancata: una *quartara*[18] e un secchio pieni d'acqua erano stati lasciati lì davanti. Mi sembrò un buon segno, forse la padrona era uscita. Decisa, attraversai correndo il breve tratto di strada polverosa e di slancio salii sull'unico scalino che introduceva nella casa. Qui mi fermai di colpo, col cuore in gola, spaventata dalla mia improvvisa audacia. Abbagliata dall'estrema luminosità del sole, nonostante il pomeriggio inoltrato, rimasi un momento istupidita, non sapendo io stessa cosa volevo. Man mano i miei occhi si abituarono all'oscurità di quella casa che riceveva luce e aria da quell'unica porta di entrata. In mezzo vidi un tavolo quadrato, coperto da una pesante tovaglia scura. Quattro sedie lo circondavano. Lungo la parete di destra troneggiava un gran letto matrimoniale, alto, severo, anch'esso ricoperto di damasco a fiori scuri, uguale alla tovaglia del tavolo. Una grande bambola, vestita di rosa con-

[17]Rivista a fumetti pubblicata nel 1946 con storie d'amore destinate a un certo pubblico femminile. Ebbe grandissimo successo.

[18]Brocca di terracotta che mantiene l'acqua fresca. Molto diffusa in regioni mediterranee.

gams an. Santina sah den Mann vor sich, der sie im dunklen Hauseingang angegriffen und sie dann jeden Abend bis nach Hause verfolgt hatte, fast, als wolle er sie vor anderen Männern beschützen.
Ganz wie eine romantische Geschichte aus einem Comic wie „*Grand Hotel*"[19].

Ob die Frauen diese Geschichte erfanden, weil sie wollten, dass es so abgelaufen sei, konnte ich nie überprüfen: es war klar, dass die Nachbarschaft dieser Frau ihre Fantasie anregte. Dass sie sich durch deren Nähe mehr oder weniger bedroht fühlten, braucht man nicht zu erwähnen: ihre Männer reagierten auf die Faszination dieser *Malafemmina.* Sie fühlten sich angezogen, wenn nicht gar stimuliert.

Mir schien, ich hatte genug gehört und nutzte einen Moment besonderer Verwirrung, um auf die Straße zu gehen. Ich sah das Basso gegenüber sofort, die Tür stand offen: eine *Quatara*[20] und ein Kübel voll Wasser waren davor stehen gelassen worden. Entschlossen überquerte ich das kurze Stück staubiger Straße und sprang die eine Stufe zum Haus hinauf. Dort blieb ich wie angewurzelt stehen, das Herz schlug mir bis zum Hals, erschrocken über meine plötzliche Verwegenheit. Geblendet von der strahlenden Helligkeit der Sonne, obwohl es schon später Nachmittag war, blieb ich einen Moment wie verdummt stehen, da ich nicht wusste, was ich wollte. Langsam gewöhnten sich meine Augen an das Dunkel des Hauses, das Luft und Licht nur durch die Eingangstür erhielt. In der Mitte sah ich einen quadratischen Tisch, auf dem eine schwere dunkle Tischdecke lag. Vier Stühle standen um ihn herum. An der rechten Wand thronte ein großes Ehebett, hoch, schlicht, auch das von einer Damastdecke mit dunklen Blumen bedeckt, gleich wie die Tischdecke. Eine große, in rosa gekleidete Puppe, eine von denen, wie

[19]Eine Comic-Illustrierte die 1946 mit Liebesgeschichten für ein bestimmtes weibliches Publikum erschien. Sie war ein großer Erfolg.
[20]Wasserkrug aus Terrakotta. Sehr verbreitet im Mittelmeerraum.

fetto, una di quelle che si vincono al tiro a segno, se ne stava seduta in mezzo ai cuscini.

Il pavimento a mattonelle, scuro, era pulitissimo: tutta la casa brillava di pulizia. Un ordine meticoloso denunciava la cura e l'amore per quelle piccole cose. I colori scuri dei mobili, un armadio e un alto comò, le coperte, e il pavimento, evocavano un'atmosfera di rispettabilità, una severità di costumi, e anche una sorta di drammaticità che in ogni caso rispecchiavano il carattere della padrona di casa.

In quel basso si respirava un'aria densa di significati: la dimostrazione che nonostante l'apparente rifiuto per la morale vigente, per certe convenzioni sociali contro le quali a modo suo si scontrava, erano presenti in lei le stesse radici di quelle donne che ora la giudicavano e la emarginavano, le stesse istanze morali nelle quali in realtà si identificava.

Ne rimasi assai colpita.

man sie auf dem Schießstand gewinnt, saß zwischen den Kissen.

Der dunkle Fliesenboden war blitzsauber: das ganze Haus glänzte vor Sauberkeit. Die peinliche Ordnung bezeugte die Pflege und die Liebe für diese kleinen Dinge. Die dunkle Farbe der Möbel, ein Schrank, eine hohe Kommode, die Decken, der Fußboden erzeugten eine Atmosphäre der Respektierlichkeit, eine strenge Einhaltung der Bräuche, und auch eine Art Dramatik, die auf jeden Fall den Charakter der Hausherrin wiedergab.

In dem Basso atmete man eine bedeutungsschwangere Luft: der Beweis, dass in ihr trotz der offensichtlichen Ablehnung der geltenden Moral und gewisser gesellschaftlicher Konventionen, denen sie sich auf ihre Art widersetzte, doch die gleichen Wurzeln vorhanden waren wie in jenen Frauen, die jetzt über sie urteilten und sie ausschlossen. Für Santina galten die gleichen moralischen Prinzipien, mit denen sie sich genauso identifizierte.

Das beeindruckte mich sehr.

Amore a prima vista

Ai primi di aprile del 1942 la cartolina del distretto militare raggiunse anche Alfio Musumeci, un giovanotto disoccupato, da qualche mese fidanzato ufficialmente con Zina Di Mauro.

Si erano conosciuti nel modo più banale possibile. Passando da via Plebiscito, che fra l'altro non faceva parte del suo quartiere, Alfio, arrivato quasi all'altezza dell'Ospedale Vittorio Emanuele, si era guardato intorno alla ricerca di un negozio di alimentari dove, aveva sentito dire, si cercava un commesso. Alzando gli occhi notò sul balconcino di un primo piano qualcosa di rosso che lo colpì: una massa di capelli, una fiamma ondeggiante sulla testa di qualcosa di femminile. Affascinato da quei capelli e dal visetto rotondo, paffutello, senza contare la personcina, rotondetta, tutta pepe, si fermò per osservarla meglio. Fu un vero colpo di fulmine. Nonostante i suoi vent'anni, gli sembrò di vedere per la prima volta questo straordinario prodotto della creazione. Inchiodato sul marciapiede, quasi vi avesse messo radici, restò fermo a fissare quel balconcino, finché la ragazza si accorse di lui e gli fece un gesto con la mano, come per dire „ma che vuoi"? Poi, vista la sua insistenza, ridendo, rientrò. Alfio, ancora stordito, aspettò qualche tempo, perso in quella visione, poi si riscosse e proseguì il suo cammino, del tutto dimentico del motivo per il quale si trovava in quella strada.

Fatti pochi passi, ricordò di essere venuto lì per cercare un negozio di alimentari. Tornò indietro e vide che quel negozio, guarda caso, era proprio di fronte al balconcino della ra-

Liebe auf den ersten Blick

Anfang April 1942 erreichte auch Alfio Musumeci, ein junger Arbeitsloser, der seit ein paar Monaten mit Zina Di Mauro verlobt war, die Karte, mit der er zum Militärdienst eingezogen wurde.

Sie hatten sich auf die banalste Art kennengelernt. Als er die Via Plebiscito entlanggegangen war, die übrigens nicht zu Alfios Viertel gehörte, suchte dieser auf der Höhe des Vittorio Emanuele Krankenhauses einen Lebensmittelladen, weil er gehört hatte, dass sie dort einen Verkäufer brauchten. Als er den Blick hob, bemerkte er auf einem Balkon im ersten Stock etwas Rotes, das ihn beeindruckte: eine Masse Haare, eine wogende Flamme auf dem Kopf von etwas Weiblichem. Fasziniert von den Haaren und von dem runden, pausbäckigen Gesichtchen, ohne das rundliche, kurvige Persönchen in Erwägung zu ziehen, blieb er stehen, um sie besser betrachten zu können. Es war Liebe auf den ersten Blick. Trotz seiner zwanzig Jahre schien es ihm, als erblicke er zum ersten Mal dieses seltsame Produkt der Schöpfung. Festgenagelt auf dem Gehweg, als hätte er Wurzeln geschlagen, blieb er dort stehen und starrte auf den Balkon, bis das Mädchen ihn bemerkte und ihm ein Zeichen mit der Hand gab, als wolle sie sagen: „was willst du denn?“. Dann, als sie seine Beharrlichkeit sah, ging sie lachend wieder hinein. Alfio wartete einige Zeit immer noch wie betäubt, verloren in den Anblick, dann nahm er sich zusammen und ging weiter, den Grund, warum er sich hier befand, hatte er völlig vergessen.

Nach ein paar Schritten fiel ihm ein, dass er her gekommen war, um einen Lebensmittelladen zu suchen. Er drehte um und sah das Geschäft, das, wie es der Zufall so wollte, sich direkt

gazza. La vecchia proprietaria, una donna imponente, grassa, cascante da tutte le parti, lo esaminò dalla testa ai piedi, come si fa con un cavallo, palpando i suoi muscoli, i fianchi, le spalle. Alfio si preoccupò. „Cosa vuole da me"? si chiese „forse pretende anche altri servizi. Chi può mai sapere. Una tale megera avrà ancora delle voglie". Se avesse chiesto qualche informazione nel vicinato ne avrebbe sentite delle belle. La vecchia infatti, insieme alla figlia, anche lei bene in carne, ma al contrario della madre assai piacente, aveva una fama di divoratrice di uomini che avrebbe fatto invidia a non poche dive del cinema americano. Ancora adesso, cinquantenne, si diceva avesse fatto fuori un numero impressionante di giovanotti, spolpandoli, secondo una teoria ormai generale, fino all'osso. In quel negozio circolavano più uomini che donne, anzi una donna che tenesse anche soltanto un poco al proprio buon nome, rinunciava a comprare qualsiasi formaggio, che fosse pecorino o ricotta salata. Preferiva mangiare la pasta alla Norma[21] senza formaggio grattugiato, piuttosto che entrare in quella spelonca. Gli uomini non temevano la puzza del formaggio, si diceva, e non si sapeva se entrassero per comprare formaggio o altro.

Uno scandalo per tutta la strada.

Si misero subito d'accordo per un periodo di prova. Alfio, ancora istupidito dal ricordo di quei capelli rossi, non badò a niente, non pensò a niente e accettò senza neanche chiedere a quanto sarebbe ammontato il suo salario settimanale: era chiaro che avrebbe accettato ogni condizione pur di restare lì, con o senza guadagno.

Finite le trattative chiese di poter entrare subito a servizio, e tanto per cominciare si piantò sull'uscio del negozio fissando con insistenza il balconcino di fronte, incurante delle richieste della padrona. La vecchia aveva subito trovato il gio-

[21]Una specialità del luogo: maccheroni con salsa di pomodori, basilico e melanzane fritte. Il nome vuol fare onore all'opera di V. Bellini.

gegenüber des Balkons des Mädchens befand. Die alte Besitzerin, eine imposante, dicke, an allen Seiten schlaffe Frau, prüfte ihn von Kopf bis Fuß, wie man es bei einem Pferd macht, befühlte die Muskeln, die Flanken, die Schultern. Alfio war beunruhigt. „Was will sie von mir?“, fragte er sich. „vielleicht hat sie auch andere Dienste im Sinn. Wer weiß. So ein Drachen hat sicher noch Gelüste.“ Wenn er sich in der Nachbarschaft über sie erkundigt hätte, hätte er Interessantes gehört. Tatsächlich hatten die Alte und auch die Tochter, die ebenfalls wohlgenährt, doch im Gegensatz zur Mutter recht lieblich war, den Ruf von Männerfresserinnen, der viele Diven Hollywoods vor Neid hätte erblassen lassen. Auch jetzt mit fünfzig Jahren, so sagte man, hätte sie eine beträchtliche Anzahl junger Männer auf dem Gewissen, sie saugte sie bis auf die Knochen aus, so die allgemeine Theorie. In diesem Laden gingen mehr Männer als Frauen ein und aus, denn eine Frau, die auch nur ein bisschen auf ihren guten Namen achtete, weigerte sich hier irgendeinen Käse zu kaufen, sei es nun Pecorino oder Ricotta. Sie zog es vor Pasta alla Norma[22] ohne geriebenen Käse zu essen, ehe sie diese Spelunke betrat. Die Männer fürchten den Gestank des Käses nicht, sagte man, und man wusste nicht, ob sie hineingingen, um Käse zu kaufen oder etwas anderes.

Ein Skandal für die ganze Gegend.

Sie einigten sich sofort auf eine Probezeit. Alfio, der noch immer von der Erinnerung an das rote Haar verdummt war, gab auf nichts acht, dachte an nichts und akzeptierte alles, ohne zu fragen, wie viel er in der Woche verdienen würde: es war klar, dass er jede Bedingung angenommen hätte, nur um hier bleiben zu können, mit oder ohne Verdienst.

Nachdem die Verhandlungen vorüber waren, fragte er, ob er sofort anfangen könne und begann damit, sich in den Eingang des Geschäfts zu stellen und intensiv den Balkon gegenüber zu fixieren, gleichgültig den Forderungen der Chefin gegenüber.

---

[22]Lokale Spezialität: Maccheroni mit Tomatensoße, Basilikum und gebratenen Auberginen. Der Name ehrt die Oper von V. Bellini.

vanotto un po' sventato, ma in tutto e per tutto piacente, con la sua zazzera spettinata, gli occhi stralunati, azzurri – segno per lei di una certa ingenuità – e la bocca sempre aperta in un continuo stupore. „Un allocco" aveva subito concluso, e stupidamente disinteressato in fatto di denaro. „Forse è anche onesto", rifletté. Magari avrebbe potuto lasciarlo solo nel negozio, nel caso dovesse assentarsi per qualche improrogabile impegno. L'unica cosa che la disturbava era quel suo continuo stare davanti alla porta, in attesa di qualcosa.

«Entra, di che hai paura, qui non ti mangia nessuno... sposta questa cassetta... dammi una mano qui... non startene lì impalato...» Lui, dopo aver fatto quanto richiesto, si precipitava sulla strada per prendere una boccata d'aria, diceva, per via dell'odore di pecorino che gli dava fastidio, – una conferma per la vecchia che si trattava proprio di un babbeo se l'odore del formaggio lo disturbava – e fissava incantato sempre nella stessa direzione. La cosa non passò inosservata, anche perché la mattina presto e nel tardo pomeriggio la ragazza annaffiava a lungo e con particolare insistenza quelle quattro piante grasse messe sul suo balconcino, incurante dell' acqua che già traboccava senza misericordia fin sulla strada.

In una parola, il classico amore a prima vista che fece perdere la testa sia all'uno che all'altra.

La vecchia megera, esperta in traffici amorosi, si accorse abbastanza presto di quanto stava accadendo proprio davanti alla sua porta, e senza mezzi termini dichiarò di non essere disposta a reggere il candeliere a nessuno: che facesse fagotto e si levasse dai piedi. Non trascorse neanche una settimana e Alfio era di nuovo disoccupato.

Con la ragazza non gli era riuscito di scambiare una parola. Le aveva fatto dei segni perché scendesse finalmente, ma la ragazza sembrava non capire o forse era soltanto molto timida. Da perderci la testa; Alfio però aveva notato che di mattina, dopo aver abbondantemente annaffiato le piante,

Die Alte hatte den jungen Mann sofort als ein wenig leichtsinnig empfunden, doch überaus attraktiv mit seinem zerzausten Haarschopf, den verdrehten blauen Augen – für sie ein Zeichen von Naivität – und dem immer in Verwunderung geöffneten Mund. „Ein Tölpel" hatte sie sofort geschlossen und aus Dummheit nicht an Geld interessiert. „Vielleicht ist er sogar ehrlich", überlegte sie. Vielleicht könnte sie ihn alleine im Laden lassen, für den Fall, dass sie zu einer unaufschiebbaren Verabredung müsste. Das Einzige, was sie störte, war, dass er immer vor der Tür stand und auf etwas zu warten schien.

»Komm rein, wovor hast du Angst, hier beißt niemand... Schiebe diese Kiste weg... hilf mir damit... bleib da nicht wie versteinert stehen...« Wenn er getan hatte wie geheißen, stürzte er wieder auf die Straße, um Luft zu schnappen, sagte er, wegen des Gestanks des Pecorinos, der ihn ekelte,- eine Bestätigung für die Alte, dass er tatsächlich eine Pfeife war, weil ihn der Käsegeruch störte – und starrte wie verhext immer in die gleiche Richtung. Das blieb nicht unbemerkt, auch weil das Mädchen am frühen Morgen und am späten Nachmittag die paar Fettpflanzen auf dem Balkon ausgiebig und beharrlich goss, ohne auf das Wasser zu achten, das schon unbarmherzig auf die Straße strömte.

Mit einem Wort, die klassische Liebe auf den ersten Blick, die sowohl ihm, als auch ihr den Verstand raubte.

Die alte Hexe, Expertin in Liebesangelegenheiten, merkte recht schnell, was vor ihrer Tür vor sich ging und erklärte unmissverständlich, dass sie nicht dazu bereit wäre, egal wen, in seiner Liebschaft zu unterstützen: er solle seine sieben Sachen packen und die Beine in die Hand nehmen. Nach nicht einmal einer Woche war Alfio wieder arbeitslos.

Er hatte es nicht geschafft auch nur ein Wort mit dem Mädchen zu wechseln. Er hatte ihr Zeichen gegeben, dass sie endlich herunterkommen solle, doch das Mädchen schien nicht zu begreifen oder war sehr schüchtern. Zum verrückt werden; Alfio hatte jedoch bemerkt, dass sie am Morgen, nachdem sie die

usciva di casa, sempre alla stessa ora, per tornare il pomeriggio poco prima di sera. La vedeva infatti subito dopo sul balconcino, intenta ancora una volta ad annegare quelle povere piante.

Ora, dato che non doveva più lavorare, ogni mattina assai presto si precipitava su quella strada e, facendo finta di essere lì per caso, passava e ripassava davanti al portoncino di quella casa, come per cercare qualcosa che doveva aver smarrito proprio su quel marciapiede. Finché la vedeva uscire. Si fermava allora, ogni volta sopraffatto da quella apparizione, finché decideva di proseguire per la sua strada che, sempre per caso, era proprio la stessa della ragazza. Appena si allontanavano di qualche centinaio di metri, cioè alla prima curva della via Plebiscito, cercava, con discrezione, di scambiare qualche parola con lei, sul tempo in modo particolare, sugli alberi di oleandro che costeggiavano il marciapiede, sui primi fiori o gli ultimi, dato che non capiva niente di piante e non sapeva se era la stagione della fioritura... In breve, dopo le prime settimane di schermaglie amorose, per non mettere la ragazza in difficoltà con la famiglia, – si sa come la gente parla, sarebbe bastato che qualche vicino li avesse visti insieme perché la madre venisse subito informata – Alfio, senza pensarci due volte e con grande sorpresa della ragazza stessa, si presentò ai genitori di Zina e chiese la sua mano. Ufficialmente! La data del matrimonio era da stabilirsi, e si parlava già di almeno due anni se non più, necessari per conoscersi, ma soprattutto per chiari motivi finanziari.

Zina lavorava presso una sarta, in centro, e lui era quanto mai per aria. Alle richieste del futuro suocero come intendesse mantenere la sposa e gli eventuali bambini aveva soltanto alzato le spalle. In fondo non lo sapeva neanche lui e in realtà non aveva mai pensato a una tale evenienza. Anche alla domande sul mestiere che aveva imparato, e ancora più specificamente, cosa aveva fatto fino a quel momento, non

Pflanzen reichlich gegossen hatte, das Haus immer zur gleichen Zeit verließ, um am Nachmittag kurz vor dem Abend wieder heimzukehren. Er sah sie tatsächlich kurz darauf schon auf dem Balkon, wo sie erneut die armen Pflanzen ertränkte.

Nun, da er nicht mehr arbeiten musste, eilte er sehr früh morgens auf diese Straße und ging am Eingang des Hauses vorbei, als würde er etwas suchen, das er genau auf diesem Stück Gehweg verloren hatte. Bis er sie heraus kommen sah. Er blieb dann stehen, jedes Mal von ihrer Erscheinung überwältigt, bis er sich entschloss seinen Weg fortzusetzen, der zufällig immer der gleiche wie der des Mädchens war. Sobald sie sich einige hundert Meter entfernt hatten, das heißt an der ersten Kurve der Via Plebiscito, versuchte er diskret einige Worte mit ihr zu wechseln, über das Wetter, die Oleanderbäume, die entlang des Gehwegs ihre ersten oder letzten Blüten trugen, da er nichts von Pflanzen verstand und nicht wusste, ob es für sie an der Zeit war zu blühen… Kurz, nach den ersten Wochen dieses Liebesgeplänkels hielt Alfio offiziell und zum Erstaunen des Mädchens, ohne es sich zweimal zu überlegen bei Zinas Eltern um ihre Hand an, um sie nicht in Schwierigkeiten in der Familie zu bringen – man weiß ja, dass die Leute reden, es reichte, dass ein Nachbar sie zusammen sah, und die Mutter hätte sofort Bescheid gewusst. So waren sie offiziell verlobt! Das Hochzeitsdatum sollte noch festgelegt werden; die Rede war von mindesten zwei Jahren, wenn nicht mehr, die notwendig waren, um sich kennenzulernen, doch vor allem aus klaren finanziellen Gründen.

Zina arbeitete im Zentrum bei einer Schneiderin und er saß nach wie vor auf dem Trockenen. Auf die Frage des zukünftigen Schwiegervaters, wie er seine Frau und die möglichen Kinder unterhalten wolle, zuckte er nur mit den Achseln. Im Grunde wusste auch er es nicht und er hatte in Wahrheit nie an diese Notwendigkeit gedacht. Auch auf die Fragen nach dem Beruf, den er erlernt hatte und genauer nach dem, was er im Moment

aveva saputo rispondere. Un mestiere vero e proprio non lo aveva, il padre vendeva verdura con un carrettino e lui, ogni volta che se ne era presentata la necessità, lo aveva aiutato, ma questo non si poteva definire un mestiere. E poi la guerra, la precarietà della vita stessa, la disoccupazione generale... in poche parole, non sapeva come avrebbe organizzato la propria vita. Dovette aggiungere di non aver mai pensato seriamente a tutti questi problemi. Il futuro suocero però gli fece notare che da sposata la figlia avrebbe dovuto occuparsi solo della casa e dei bambini, su questo non potevano esserci dubbi, e che quindi non poteva contare sul suo lavoro, del resto assai modestamente retribuito.

La cartolina del distretto militare risolse improvvisamente tutta la situazione. Alfio ogni giorno aveva aspettato quella cartolina, tutti i suoi amici e conoscenti l'avevano già ricevuta, alcuni erano addirittura partiti. Fu preso dalla disperazione. Era ancora ai primi approcci con la fidanzatina e il pensiero di doversi separare da lei gli faceva perdere la ragione: con un colpo di testa decise di sposarla prima di partire. Trattenendo a fatica le lacrime le fece capire che se fosse caduto in guerra almeno a lei sarebbe rimasta la pensione di vedova. Zina più sconvolta di lui, confrontata con l'evenienza di una possibile vedovanza, – non aveva neanche compiuto i diciotto anni, – non sapeva se ridere o piangere. In realtà capì assai poco del discorso ingarbugliato del ragazzo, del perché avrebbe dovuto rimanere vedova e cosa giustificasse quel matrimonio affrettato. Lo conosceva poco, si frequentavano da qualche mese e l'avere un fidanzato era per lei motivo di grande imbarazzo. Una situazione ancora nuova alla quale non si era del tutto abituata. Senza contare i discorsi assai scettici del padre che fin dal primo momento non aveva fatto altro che ripetere:

«Certo, è un bravo ragazzo, non c'è niente da dire... ma il re-

tat, wusste er keine Antwort. Einen echten Beruf hatte er nicht, sein Vater verkaufte Gemüse auf einem Karren und er half ihm bei Gelegenheit, doch das konnte man nicht als Beruf bezeichnen. Und dann der Krieg, die Unsicherheit des eigenen Lebens, die allgemeine Arbeitslosigkeit… kurzum, er wusste nicht, wie er sein Leben meistern sollte. Er musste zugeben, dass er sich nie ernsthaft über diese Probleme Gedanken gemacht hatte. Der zukünftige Schwiegervater machte ihm jedoch klar, dass sich die Tochter, wenn sie einmal verheiratet war, nur um das Haus und die Kinder kümmern sollte, daran konnte kein Zweifel sein, und dass er daher nicht auf ihre Arbeit zählen konnte, die sowieso eher spärlich entlohnt wurde.

Die Karte, die ihn zum Militärdienst einberief, löste unerwartet die Situation. Alfio hatte jeden Tag diese Karte erwartet, all seine Freunde und Bekannten hatten sie schon erhalten, einige waren sogar schon aufgebrochen. Er wurde von Verzweiflung gepackt. Er war noch bei den ersten Annäherungen mit seiner Verlobten und der Gedanke sich von ihr trennen zu müssen, raubte ihm die Vernunft: Hals über Kopf entschied er, sie zu heiraten, bevor er abfuhr. Er konnte nur mit Mühe die Tränen zurückhalten, als er ihr erklärte, dass ihr so wenigstens die Witwenrente blieb, wenn er im Krieg fallen sollte. Zina war noch überwältigter als er, in Anbetracht einer möglichen Witwenschaft – sie war noch nicht einmal achtzehn Jahre alt – und wusste nicht, ob sie lachen oder weinen sollte. In Wahrheit verstand sie recht wenig von der verwirrten Rede des Jungen, warum sie Witwe werden sollte und wieso das eine übereilte Eheschließung rechtfertigte. Sie kannten sich erst seit kurzem, sahen sich erst seit einigen Monaten und einen Verlobten zu haben brachte sie in große Verlegenheit. Es war eine neue Situation, an die sie sich noch nicht ganz gewöhnt hatte. Und dann noch die eher skeptischen Reden ihres Vaters, der von Anfang an nichts anderes getan hatte, als ihr ständig zu wiederholen:

»Sicher ist er ein guter Junge, da gibt es nichts zu sagen…

sto? Quando trova un lavoro? E che fa tutto il giorno? Un bravo ragazzo... ma non basta per sfamare una famiglia.»

Alfio, quasi con la febbre addosso, cominciò a preparare i documenti necessari, chiese ed ottenne l'esonero dalle pubblicazioni per motivi urgenti e una mattina, prima di partire, andarono in Municipio, accompagnati dai rispettivi genitori, per mettere quella famosa firma che li avrebbe dichiarati marito e moglie, a tutti gli effetti civili. Decisero di celebrare il matrimonio in Chiesa alla prima licenza, e forse meglio alla fine della guerra, facendo magari una festicciola con amici e parenti. Ora si limitarono a bere un bicchiere di vino in casa della sposa e mangiare qualche biscotto, intanto che il suocero parlottava col compare circa la dote: fino alla cerimonia in Chiesa la ragazza avrebbe abitato in ogni caso dai propri genitori, questo era chiaro. Poi si sarebbe visto. Il giovanotto doveva metter su casa, trovare lavoro e soltanto allora si poteva parlare di dote. Questi i patti.

Zina partì insieme a lui e si fermarono a Giardini, dove in una locanda assai modesta avrebbero trascorso la loro prima e ultima notte. L'indomani, col primo treno Alfio avrebbe raggiunto la compagnia cui era stato assegnato.

Zina, impreparata, tremante, tutto il tempo non aveva pensato ad altro: come sarà, cosa mi farà? Finalmente in camera, una stanzetta dove ci si poteva appena girare, ma loro non avevano certamente intenzione di girarsi per la stanza, semmai nel letto, del resto piuttosto piccolo, la ragazza si aggrappò al suo braccio e gli sussurrò all'orecchio:

«È la prima volta.» Alfio sorrise compiaciuto. Disse solo:

«È chiaro.» Era convinto del fatto suo e in realtà aveva organizzato tutta quella storia del matrimonio soltanto per avere la possibilità di averla tutta sola, finalmente, senza l'eterna presenza della suocera o del suocero. Per strada più di un bacio di sfuggita non era riuscito a darle, e andare da qual-

doch sonst? Wann findet er Arbeit? Was macht er den ganzen Tag? Ein guter Junge… aber das genügt nicht um eine Familie zu ernähren.«

Alfio bereitete fieberhaft die benötigten Unterlagen vor, beantragte und erhielt eine Freistellung von dem Aufgebot aufgrund der Dringlichkeit und am Morgen, bevor er abfuhr, gingen sie zur Gemeinde, begleitet von den jeweiligen Eltern, um diese berühmte Unterschrift zu leisten, die sie zu Ehemann und Ehefrau machte mit allen rechtlichen Folgen. Sie beschlossen die Hochzeit in der Kirche in seinem ersten Urlaub oder besser bei Ende des Krieges nachzuholen und dann auch eine kleine Feier mit Freunden und Verwandten auszurichten. Jetzt beschränkten sie sich darauf ein Glas Wein im Haus der Braut zu trinken und ein paar Kekse zu essen, inzwischen besprach der Schwiegervater flüsternd mit Alfios Vater die Mitgift: bis zu der kirchlichen Zeremonie sollte das Mädchen im Hause der Eltern bleiben, das war klar. Dann würde man sehen. Der junge Mann sollte einen Hausstand gründen, Arbeit finden und erst dann könne man über die Mitgift reden. Das waren die Abmachungen.

Zina fuhr mit ihm nach Giardini, wo sie in einem recht einfachen Gasthaus ihre erste und letzte Nacht verbringen sollten. Am nächsten Tag würde Alfio mit dem ersten Zug abfahren und wie beordert zu seiner Kompanie stoßen.

Zina, die unvorbereitet war, zitterte die ganze Zeit und dachte an nichts anderes als: wie wird es sein, was wird er mir antun? Im Zimmer angekommen, einem Raum, in dem man sich kaum umdrehen konnte, doch sie hatten auch nicht vor sich viel im Zimmer zu bewegen, schon eher im Bett, das ebenfalls klein war, ergriff das Mädchen seinen Arm und flüsterte ihm ins Ohr:

»Es ist das erste Mal.« Alfio lächelte zufrieden. Er sagte bloß:

»Das ist klar.« Er war von seinem Tun überzeugt und hatte die ganze Sache mit der Ehe nur eingefädelt, um die Möglichkeit zu haben endlich mit ihr alleine zu sein, ohne den Schwiegervater oder die Schwiegermutter. Auf der Straße konnte er ihr nicht mehr als einen verstohlenen Kuss geben und irgendwo zu-

che parte insieme, da soli… neanche a pensarci! Era stata una tortura durata qualche mese e ora finalmente aveva tutta una notte a sua disposizione. Le sue esperienze erano le solite, brevi incontri in certe case con certe donne, nulla di più. Oltre a soddisfare le proprie necessità non sapeva altro né immaginava ci fosse altro.

Zina ebbe appena il tempo di svestirsi che lui le fu subito addosso: la rovesciò sul letto, impaziente, strappandole brutalmente gli ultimi indumenti intimi cui lei si aggrappava, come a un'ancora di salvezza. Stordita, ma ancor più sorpresa, in un attimo venne sopraffatta proprio da chi amava di più e da chi si sapeva riamata, in un atto che sapeva più di violenza che di amore. Pianse, anzi gridò di spavento e di dolore, ma lui le mise una mano sulla bocca, mormorando:

«Sei matta? Che fai! Stai zitta.» La cosa avvenne così velocemente che a lei restò solo una grande confusione in testa. In realtà non aveva capito niente, si sentiva solo ferita, umiliata, stranita. Era questo l'amore? Continuò a piangere e non sapeva se per la prossima separazione o per un inspiegabile cordoglio, pietà di sé stessa. Si sentiva in qualche modo imbrogliata, tradita, violentata, peggio di una bestiola braccata, e tremava solo al pensiero che lui volesse ripetere l'atto di prima.

«Mi hai fatto male, sono tutta imbrattata di sangue…» e piangeva. Alfio per fortuna era così agitato, lui pure, per la novità di quella reazione, che desistette da rinnovati attacchi. Inoltre quel sangue lo spaventò, non sapeva che le ragazze fossero tanto delicate. No, decisamente non così aveva immaginato la prima notte con la giovane sposa; inoltre se le aveva fatto male, non era colpa sua: lei avrebbe dovuto venirgli incontro, non rifiutare i suoi approcci, resistergli fino all'ultimo. Dopo qualche minuto di lotta, del tutto inaspettata, si era reso conto che per lui c'era una sola soluzio-

sammen, alleine hinzugehen… daran war nicht zu denken! Es war eine monatelange Tortur gewesen und jetzt endlich stand ihm eine ganze Nacht zur Verfügung. Seine Erfahrungen waren die üblichen, kurze Besuche in den Häusern bestimmter Frauen, nicht mehr. Er wusste über die Befriedigung seiner eigenen Bedürfnisse hinaus nichts, und konnte sich nicht vorstellen, dass es mehr gab.

Kaum hatte Zina sich entkleidet, kam er schon über sie: er zog sie ungeduldig auf das Bett, zerrte ihr brutal die restliche Unterwäsche vom Leib, an der sie sich festklammerte, wie an einem Rettungsanker. Durcheinander, doch vor allem überrascht, wurde sie von dem, den sie am meisten liebte und der ihre Liebe erwiderte, in einem Akt übermannt, der eher von Gewalt als von Liebe zeugte. Sie weinte, schrie vor Schreck und Schmerz, doch er legte ihr eine Hand auf den Mund und flüsterte:

»Bist du verrückt? Was tust du denn, sei still!« Das alles geschah so schnell, dass sie komplett verwirrt war. In Wirklichkeit hatte sie nichts verstanden, sie fühlte sich nur verletzt, gedemütigt, benommen. War das Liebe? Sie weinte weiter und wusste nicht, ob wegen der anstehenden Trennung oder wegen des unerklärlichen Grams und des Selbstmitleids. Sie fühlte sich irgendwie hintergangen, betrogen, vergewaltigt, schlimmer als ein gehetztes Tier und sie zitterte allein beim Gedanken, dass er es noch einmal wiederholen wollte.

»Du hast mir wehgetan, ich bin voller Blut…« und sie weinte. Alfio war zum Glück wegen der Neuheit der Reaktion so aufgewühlt, dass er von erneuten Angriffen abließ. Außerdem erschreckte ihn das Blut, er hatte nicht gewusst, das Mädchen so zart waren. Nein, so hatte er sich sicher nicht die erste Nacht mit seiner jungen Braut vorgestellt; darüber hinaus war es nicht seine Schuld, wenn er ihr weh getan hatte: sie hätte ihm entgegenkommen sollen, seine Annäherungen nicht abweisen, sich ihm nicht bis zum Schluss widersetzen sollen. Nach einigen Minuten eines unvorhergesehenen Kampfes, wurde er sich be-

ne: usare la forza. Subito dopo pensò di aver forse esagerato, di non aver saputo aspettare, come lo aveva avvertito un suo amico sposato. Con le ragazze bisogna avere pazienza, gli aveva detto, perché sono lente, giustamente ritrose, e infine, hanno bisogno di molto tempo prima di concedersi. Con improvvisa timidezza tentò allora di baciarla, di accarezzarla, in qualche modo di scusarsi, ma lei lo sfuggiva, si ritraeva spaventata, neanche fosse uno sconosciuto. Disorientato, incapace di farsi un'idea qualsiasi su quanto era accaduto, scontento di sé e della ragazza che di colpo gli era diventata estranea, finì con l'addormentarsi, stanco di tutte le agitazioni della giornata. Dormì subito di un sonno sano, robusto, rumoroso.

Zina continuò ancora per un po' a piangere, poi smise, ma non chiuse occhio, tutta la notte. Era troppo sconvolta, confusa e in qualche modo disperata.

All'alba lo svegliò giusto in tempo per fargli prendere il treno che lo avrebbe portato a Messina, poi tornò indietro a casa, a riprendere la vita di prima, con un piccolo anello al dito e un grande smarrimento dentro.

Una domanda la tormentava, come un chiodo fisso: è questo l'amore? Si riduce solo a questo il tanto decantato amore? Parlarne con la madre? Un pensiero che non l'aveva neanche sfiorata. Aveva qualche amica sposata, ma neanche lì si sentiva sicura: sembravano tutte così felici. Allora era solo lei a non funzionare, forse perché più stupida delle altre. E si rodeva il cervello senza trovare una soluzione. Aveva solo un desiderio: dimenticare quella notte. Alfio mandò la prima cartolina già da Messina, poche parole scritte assai faticosamente, dato che aveva frequentato poche classi delle elementari e fino a quel momento aveva avuto pochissime occasioni di scrivere qualcosa. Poi niente, per lungo tempo. Qualche mese dopo arrivò una cartolina con un timbro inde-

wusst, dass es hier nur eine Lösung gab: Gewaltanwendung. Gleich darauf dachte er, dass er vielleicht übertrieben hatte, nicht warten konnte, wie ihm ein verheirateter Freund geraten hatte. Mit den Mädchen braucht man Geduld, hatte der ihm gesagt, denn sie sind langsam, sogar widerspenstig und sie brauchen einfach viel Zeit, um sich hingeben zu können. Mit plötzlicher Schüchternheit versuchte er sie zu küssen, zu streicheln, sich irgendwie zu entschuldigen, doch sie entfloh ihm, zog sich erschrocken zurück, als kenne sie ihn nicht. Orientierungslos, unfähig zu begreifen, was passiert war, unzufrieden mit sich und dem Mädchen, das ihm plötzlich fremd war, schlief er ein, müde von den Aufregungen des Tages. Er fiel sofort in einen gesunden, festen, geräuschvollen Schlaf.

Zina weinte noch ein wenig weiter, dann hörte sie auf, doch sie schloss die ganze Nacht kein Auge. Sie war zu überrumpelt, verwirrt und irgendwie verzweifelt.

Bei Sonnenaufgang weckte sie ihn pünktlich, sodass er gerade noch seinen Zug nach Messina erwischte, dann kehrte sie nach Hause zurück, um das Leben von vorher wieder aufzunehmen, mit einem kleinen Ring am Finger und einer großen Verwirrung im Innern.

Eine Frage quälte sie wie eine fixe Idee: ist das die Liebe? Reduziert sich die viel besungene Liebe nur auf so etwas? Mit der Mutter darüber reden? Ein Gedanke, der ihr nicht einmal in den Sinn kam. Sie hatte einige verheiratete Freundinnen, aber auch bei ihnen fühlte sie sich nicht sicher: sie schienen alle glücklich. Also war sie es, mit der etwas nicht stimmte, vielleicht war sie dümmer als die anderen. Sie zermarterte sich das Hirn, ohne eine Lösung zu finden. Sie hatte nur einen Wunsch: jene Nacht zu vergessen. Alfio schickte die erste Karte aus Messina, wenig Worte mit großer Anstrengung geschrieben, da er nur einige Klassen der Grundschule besucht hatte und es bis dahin auch keinen Anlass gegeben hatte etwas zu schreiben. Dann lange Zeit nichts. Einige Monate später kam eine Postkarte mit einem

cifrabile, ancora poche parole. Solo baci e il suo nome. Di nuovo silenzio. A lungo. Dopo circa sei mesi una lettera del comando militare l'avvertiva che il sunnominato Alfio Musumeci dopo un bombardamento delle forze nemiche non era rientrato all'appello. Per il momento era considerato disperso.

Questo il succo della lettera, formulata in modo burocratico, tanto che una volta la ragazza e poi uno dietro l'altro, tutti i parenti e gli amici della famiglia, se la passarono di mano in mano, per capire di che cosa si trattava. La parola disperso però fu capita da tutti. Quel voler temporeggiare, magari dandole qualche speranza di ritrovamento la lasciò per aria: era o non era disperso? E cosa significava? viveva ancora? O non si trovava il suo cadavere perché completamente maciullato o semplicemente irriconoscibile?

Ma c'era anche la possibilità che fosse prigioniero, spedito in una campo di concentramento, chissà dove. O magari si era imboscato, disertato... cosa doveva sperare?

In ogni caso tinse tutti i suoi vestiti di nero. Eccettuato i fazzoletti da naso e gli indumenti intimi, mise semplicemente tutto quello che possedeva dentro la pentola col colore, pensando, „per quanti anni"?

In realtà non stava né in cielo né in terra. Tutta quella storia era andata troppo alla svelta: innamorata per la prima volta, sposata per un giorno e una notte, poi vedova o quasi, e non era passato neanche un anno da quando aveva visto davanti al negozio di alimentari quel giovanotto. Le sembrava di assistere da spettatrice più o meno indifferente, allo spettacolo del proprio lutto, della propria vedovanza, intanto che la vita proseguiva come prima: stranamente non si sentiva toccata da tutta quella storia, e si vergognava di ammettere a se stessa di non soffrire. Un solo ricordo molesto, che man mano cominciava a sbiadire: quella notte a Giardini, ecco cosa era rimasto di quella vicenda, una violen-

nicht entzifferbaren Stempel, nur wenige Worte. Nur Küsse und sein Name. Dann erneut Schweigen. Lange. Nach circa sechs Monaten kam ein Brief vom Militärkommando mit der Ankündigung, dass der obengenannte Alfio Musumeci nach einem Bombardement der feindlichen Streitmacht nicht wieder zum Appell erschienen war. Für den Moment galt er als vermisst.

Das war der Kern des Briefes, der in Bürokratensprache formuliert war, sodass erst das Mädchen, dann einer nach dem anderen die Verwandten und Freunde der Familie ihn von Hand zu Hand reichten, um zu verstehen, worum es ging. Das Wort ‚vermisst' verstanden allerdings alle. Aber diese zögerliche Ausdrucksweise, die ihr vielleicht die Hoffnung geben sollte, dass er wiedergefunden werden könnte, ließ sie in der Luft hängen: war er oder war er nicht vermisst? Was bedeutete das? Lebte er noch? Oder hatte man seinen Leichnam nur nicht gefunden, weil er komplett zerfetzt und unkenntlich war?

Doch es gab auch die Möglichkeit der Gefangenschaft, verschleppt in ein Konzentrationslager, wer weiß wohin. Oder er hatte Fahnenflucht begangen… was sollte sie hoffen?

Jedenfalls färbte sie all ihre Kleidung schwarz. Außer Taschentücher und Unterwäsche legte sie einfach alles, was sie besaß in die Schüssel mit der Farbe und dachte, „für wie viele Jahre"?

In Wirklichkeit hatte das alles weder Hand noch Fuß. Die ganze Geschichte war zu schnell abgelaufen: das erste Mal verliebt, einen Tag und eine Nacht verheiratet, dann Witwe oder fast und es war nicht einmal ein Jahr vergangen, seit sie vor dem Lebensmittelgeschäft den jungen Mann gesehen hatte. Es schien ihr, der eigenen Trauer und Witwenschaft nur als mehr oder weniger unbeteiligte Zuschauerin beizuwohnen, da auch das Leben inzwischen wie vorher weiterging: seltsamerweise fühlte sie sich von der ganzen Geschichte nicht berührt und sie schämte sich, sich selbst eingestehen zu müssen, dass sie nicht litt. Eine einzige lästige Erinnerung, die ganz langsam zu verblassen begann: jene Nacht in Giardini, das war von dem Ereig-

za subita da dimenticare, da seppellire nel fondo della sua memoria. Anzi a volte aveva l'impressione che fosse accaduto a un'altra, che qualcuno glielo avesse raccontato come di un fatto curioso.
A malapena riusciva a spremere qualche lacrimuccia in presenza della suocera, tutte le volte che la vedeva. Abbastanza presto però diradò le visite. Per lei non aveva mai sentito nessuna simpatia e mancando ora il motivo principale che in qualche modo avrebbe dovuto unirle, tanto valeva rompere ogni rapporto con quella famiglia.

Intanto i bombardamenti si succedevano con sempre maggiore frequenza, chi poteva scappava dalla città per rifugiarsi nell'interno dell'isola: i Di Mauro non avevano parenti in campagna, eccettuato una vecchia zia del padre, ma non erano sicuri di essere ben accolti. Rimasero in casa, preparati al peggio.

Lo sbarco degli inglesi significò la fine dei bombardamenti e la novità di tanti soldati stranieri che sciamavano per le strade, con la sufficienza tipica del liberatore. I Di Mauro, ignari di quanto stesse accadendo nel resto del mondo, non avevano capito la situazione in cui si trovavano: c'era la guerra, questo era chiaro. Per quale motivo, non lo sapevano. Contro chi, ancora meno. Prima avevano visto i soldati tedeschi, per modo di dire alleati, ora sentivano dire che erano diventati nemici. Nessuno che sapesse spiegare perché erano coinvolti anche loro in quelle vicende. Si diceva soltanto: „c'è la guerra" scrollando le spalle, come quando arrivava un terremoto o l'Etna cominciava a vomitare fuoco. Che uno di loro fosse stato costretto a combattere e probabilmente a morire per la patria, come era scritto nella lettera del comando militare, li aveva toccati molto da vicino, ma era anche l'unica cosa che avevano capito. Ora avrebbero voluto sapere cosa volesse ancora la patria da loro, e cosa fosse disposta a dare in cambio di una vita umana, cioè quan-

nis geblieben, Gewalt, die sie erlitten hatte, um sie zu vergessen, sie in ihrer Erinnerung zu begraben. Manchmal hatte sie sogar das Gefühl, es sei einer anderen passiert, als ob es ihr jemand wie ein interessante Geschichte erzählt hätte.

Mit Müh‘ und Not gelang es ihr ein paar armselige Tränen vor der Schwiegermutter herauszupressen, jedes Mal, wenn sie sie traf. Ziemlich bald schon wurden ihre Besuche seltener. Sie hatte nie Sympathie ihr gegenüber empfunden und da nun der Hauptgrund fehlte, der sie zusammen gebracht hatte, so konnte sie den Kontakt zu der Familie auch gänzlich abbrechen.

Inzwischen häuften sich die Bombardements, wer konnte, floh aus der Stadt ins Innere der Insel: die Di Mauros hatten keine Verwandten auf dem Land, außer einer alten Tante des Vaters, doch sie waren nicht sicher, willkommen zu sein. Sie blieben Zuhause, aufs Schlimmste gefasst.

Die Landung der Briten bedeutete das Ende der Bombardements und die Neuheit, dass viele ausländische Soldaten durch die Straßen schwärmten, mit der Überheblichkeit der Befreier. Die Di Mauro, die nicht wussten, was im Rest der Welt geschah, hatten die Situation, in der sie sich befanden, nicht begriffen: es war Krieg, das war klar. Warum, wussten sie nicht. Gegen wen, noch weniger. Vorher hatten sie deutsche Soldaten gesehen, sozusagen ihre Verbündeten, jetzt hörten sie, dass das ihre Feinde waren. Keiner konnte ihnen erklären, warum auch sie in die Vorkommnisse hineingezogen wurden. Man sagte nur: „es ist Krieg“ und hob dabei die Schultern, als sei es ein Erdbeben oder als speie der Ätna Feuer. Dass welche von ihnen gezwungen waren zu kämpfen und wahrscheinlich auch für das Vaterland zu fallen, wie in dem Brief des Militärkommandos stand, war ihnen sehr nahe gegangen, doch das war das Einzige, das sie begriffen hatten. Jetzt würden sie gerne wissen, was das Vaterland noch von ihnen wollte und was es bereit war im Gegenzug für ein Menschenleben zu geben, was ein Menschenle-

to valesse una vita umana per la patria. Quando riuscirono a mettere insieme tutti documenti richiesti, qualche anno dopo, seppero che effettivamente il valore pecuniario della vita di Alfio era assai basso, tale da non poterci pagare neanche l'affitto di una casa con una sola stanza.

Zina, col suo aspetto da irlandese, attirò l'attenzione di non pochi soldati inglesi: lusingata e nello stesso tempo intimidita da quel successo, la ragazza tornando dal lavoro, che per fortuna aveva potuto riprendere dopo il breve viaggio di nozze, faceva tutto il percorso correndo, e arrivava a casa sempre col fiato grosso. Le venivano offerte scatolette di carne, cioccolata, caffè, sigarette, e più le offerte si facevano insistenti più era sopraffatta dalla paura, tanto che si metteva a correre finché le gambe la reggevano. Non prese mai questi doni, quasi bruciassero.

Un giovanotto meno intraprendente degli altri, senza doni né sorrisi invitanti, cominciò a seguirla fino a casa. Era chiaramente affascinato, anche lui colpito dall'invisibile fanciullino alato, sempre pronto a scoccare le sue frecce nei momenti più imprevedibili.

Ora l'accompagnava e la proteggeva dagli altri soldati che cercavano di molestarla. Man mano Zina lo riconobbe, anche quando per discrezione camminava sul marciapiede di fronte, e si rallegrava di vederlo, perché non era costretta a correre: lui non tentava neanche di parlarle, tanto non si sarebbero capiti, né accennava mai ad avvicinarsi più del consentito. Era semplicemente lì, come un angelo custode.

Di colpo la città si vuotò di soldati e tutto tornò più o meno come prima. Poi si sentì dire che la guerra era finita.

Nel '47, inaspettatamente, quel timido soldatino inglese riap-

ben dem Vaterland wert war. Als sie es ein paar Jahre später geschafft hatten die Dokumente zusammen zu haben, erfuhren sie, dass das Leben von Alfio recht wenig wert war, man konnte damit nicht einmal die Miete für eine Einzimmerwohnung bezahlen.

Zina zog mit ihrem irischen Aussehen die Aufmerksamkeit nicht weniger britischer Soldaten auf sich: geschmeichelt und gleichzeitig eingeschüchtert von diesem Erfolg, rannte das Mädchen von der Arbeit, die sie zum Glück nach der kurzen Hochzeitsreise wieder antreten hatte können, nach Hause und kam dort schwer atmend an. Ihr wurden Konserven mit Fleisch, Schokolade, Kaffee, Zigaretten angeboten und je nachdrücklicher die Angebote unterbreitet wurden, desto mehr war sie von ihrer Angst überwältigt, sodass sie so schnell lief, wie ihre Beine sie nur trugen. Sie nahm diese Geschenke niemals an, als würden sie sie verbrennen.

Ein junger Soldat weniger fordernd als die anderen, ohne Geschenke oder einladendem Lächeln, begann ihr nach Hause zu folgen. Er war offenbar von ihr fasziniert, auch von dem unsichtbaren geflügelten Buben getroffen, der immer bereit war seine Pfeile in den unerwartetsten Momenten abzuschießen.

Jetzt begleitete er sie und beschützte sie vor den anderen Soldaten, die versuchten sie zu belästigen. Mit der Zeit erkannte ihn Zina, auch wenn er aus Diskretion auf dem gegenüberliegenden Gehweg nebenher lief und sie freute sich ihn zu sehen, weil sie nun nicht rennen musste: er versuchte nicht einmal mit ihr zu sprechen, sie hätten sich ohnehin nicht verstanden, noch machte er Anstalten sich ihr weiter als erlaubt zu nähern. Er war einfach da, wie ein Schutzengel.

Auf einen Schlag leerte sich die Stadt von Soldaten und alles wurde mehr oder weniger wie zuvor. Dann hörte man, dass der Krieg vorbei sei.

Im Jahre 1947 erschien der schüchterne britische Soldat un-

parve e si appostò di fronte al balconcino, quasi accanto alla porta del negozio di alimentari: non l'aveva dimenticata ed era fermamente deciso a portarsela in Inghilterra, dove i suoi capelli rossi non avrebbero impressionato nessuno.

erwarteter Weise wieder und postierte sich gegenüber dem Balkon, fast neben der Tür des Lebensmittelgeschäfts: er hatte sie nicht vergessen und war fest entschlossen sie mit sich nach England zu nehmen, wo ihre roten Haare niemanden beeindrucken würden.

Il viaggio di Rosalia Schiró[23]

«*Di unni vinìti, vui?*[24]»

Rosalia ebbe un sussulto: se lo era immaginato. Adesso era il suo turno.

Da quando era salito in treno, con la scusa di cercare un posto libero, e di posti liberi non ce n'era neanche uno, quell'uomo era passato da una parte all'altra, attaccando bottone con tutti: da dove veniva, dove andava, che lavoro faceva, e chi era suo padre e suo nonno. Nel paese che di volta in volta veniva nominato, con una certa resistenza del resto comprensibile, credeva sempre di conoscere qualcuno:

«*U cunusciti a cumpari Tanu?*[25]» e se non funzionava tirava fuori un altro nome, per dare a intendere che lui conosceva tutti, neanche fosse stato una spia della vecchia Ovra.[26] O forse lo era stato e ancora non riusciva a perdere il vizio, chi poteva saperlo? Ad ogni modo dava fastidio. Solo alcuni, i più giovani, si erano lasciati andare a dire perfino il nome e l'età, non soltanto il paese di provenienza. Rosalia avrebbe voluto avvertirli: state zitti, non raccontate i fatti vostri. Ma aveva considerato più opportuno far finta di non sentire. L'esperienza glielo aveva insegnato. Una donna deve tenere la bocca cucita. Meglio tacere che ‚*parrari ammàtula*'[27] come diceva sua madre, e aveva ragione: quell'uomo infatti non faceva altro che riempirsi la bocca di parole inutili e se non

[23]Secondo premio al concorso letterario ‚Le storie del Novecento', 2010.

[24]Da dove venite voi? In siciliano non si usa il ‚lei', ma il ‚voi'.

[25]Conoscete compare Tano? ‚Compare' è un titolo che in piccoli paesi viene dato a qualsiasi persona anziana, invece di ‚signore' di provenienza continentale.

[26]Ovra era la polizia fascista come la Gestapo in Germania.

[27]Dire sciocchezze.

Die Reise der Rosalia Schiró[28]

»*Di unni viniti, vui?*[29]«

Rosalia fuhr hoch: damit hatte sie schon gerechnet. Jetzt war sie an der Reihe.

Seit er in den Zug gestiegen war, war dieser Mann unter dem Vorwand einen freien Platz zu suchen, und es gab keinen einzigen freien Platz, von einem zum anderen gegangen, und hatte jeden angesprochen: woher man kam, wohin man ging, was man arbeitete, wer sein Vater und Großvater war. In jedem Dorf, das, wenn auch verständlicherweise oft widerwillig, genannt wurde, glaubte er immer jemanden zu kennen:

»*U cunusciti a cumpari Tanu?*[30]« und wenn das nicht klappte, nannte er einen anderen Namen, um zu verstehen zu geben, dass er jeden kannte, dabei war er nicht einmal Spion für die alte Ovra[31] gewesen. Oder vielleicht doch und er konnte diese schlechte Gewohnheit noch nicht ablegen, wer konnte das wissen? Jedenfalls nervte er. Nur ein paar von den Jüngeren antworteten ihm und nannten sogar Namen und Alter, nicht nur ihren Herkunftsort. Rosalia hätte sie gerne gewarnt: seid still, erzählt nichts über euch. Doch sie zog es vor, so zu tun, als höre sie nichts. Das wusste sie aus Erfahrung. Eine Frau muss ihren Mund halten. Es ist besser zu schweigen als „*parrari ammàtula*[32], wie ihre Mutter immer gesagt hatte und sie hatte Recht: dieser Mann tat nichts weiter, als eine große Klappe zu führen

[28]Zweiter Preis beim Literaturwettbewerb ‚Le storie del Novecento', 2010.

[29]Woher kommt Ihr? Im Sizilianischen sagt man ‚voi' und nicht ‚lei'.

[30]Kennen Sie Gevatter Tano? ‚Compare' ist eine Anrede, mit der in kleinen Dörfern fast jede ältere Person anstatt mit ‚Herr', was eher auf dem Festland gebräuchlich ist, angeredet wurde.

[31]Ovra war die faschistische Polizei, wie die Gestapo in Deutschland.

[32]Etwas Dummes zu sagen.

fosse stata una donna avrebbe saputo come rintuzzarlo. Ma una donna non deve mai immischiarsi in questioni di uomini: anche questa una saggezza trasmessa dalla buonanima di sua madre.

Rosalia aveva altro per la testa.

Nonostante fosse riuscita a occupare un posto vicino al finestrino, e non era stato facile con quella specie di assalto al treno cui aveva dovuto partecipare alla stazione di Palermo, un uomo assai corpulento si era subito seduto accanto a lei, allargando le gambe in modo vergognoso. La premeva con tutto il peso del suo corpo quasi schiacciandola verso l'angolo. Se lei cercava di spostarsi di qualche centimetro, lui, guardando altrove con indifferenza, sembrava gonfiare il proprio corpo per non lasciare il minimo spazio alla donna. Lei avrebbe voluto allungare un ginocchio, un piede; spostare un pochino la schiena: dopo qualche ora di quel martirio sentiva un chiaro torpore se non proprio dolore in diverse parti del corpo. Non osò protestare.

Nonostante i suoi 46 anni aveva ancora soggezione degli uomini. Sapeva che una donna non deve mai protestare. Perché ha tutto da perdere. La madre le aveva sempre raccomandato di non dare filo: ‚*a fimmina divi stari o postu so*'[33] e in questa frase era compreso un comportamento stabilito da millenni di esperienze femminili, di relazioni fra i due sessi cui sarebbe stato impossibile ribellarsi. E Rosalia in tutti gli anni della sua vita non aveva mai pensato di ribellarsi, anzi aveva accettato quelle regole neanche fossero state dettate da Dio in persona: anche lei era dell'opinione che le donne devono stare ‚*o postu so*'.

Ma alla domanda del viaggiatore impiccione non volle rispondere, si girò decisa e guardò fuori dal finestrino.

---

[33]La donna deve stare al posto suo.

und wäre sie nicht eine Frau gewesen, hätte sie gewusst, wie sie zurückschlagen sollte. Doch Frauen dürfen sich nicht in die Angelegenheiten von Männern einmischen: auch diese Weisheit hatte ihr ihre selige Mutter übermittelt.

Rosalia hatte andere Sorgen.

Trotzdem sie es geschafft hatte sich einen Fensterplatz zu ergattern, was bei dem Ansturm auf den Zug im Bahnhof von Palermo nicht einfach gewesen war, hatte sich sofort ein recht korpulenter Mann beschämend breitbeinig neben sie gesetzt. Er drückte sie in die Ecke, zerdrückte sie fast mit seinem ganzen Gewicht. Wenn sie versuchte sich zurecht zu setzen, schien er seinen Körper noch breiter werden zu lassen und ihr auch noch das letzte bisschen Platz zu nehmen, während er unbeteiligt woanders hinschaute. Sie hätte gerne ihre Beine ausgestreckt, den Rücken aufgerichtet: nach ein paar Stunden dieses Martyriums fühlte sie die Taubheit in allen Gliedmaßen, wenn sie auch nicht direkt schmerzten. Sie wagte nicht zu protestieren.

Trotz ihrer 46 Jahre war sie Männern gegenüber immer noch scheu. Sie wusste, dass eine Frau nie protestieren durfte. Weil sie alles zu verlieren hat. Ihre Mutter hatte ihr immer nahegelegt sich nicht querzustellen: „*a fimmina divi stari o postu so*[34]“ in diesem Satz steckte eine Verhaltensweise, die sich vor tausenden von Jahren so eingebürgert hatte und die die Beziehung der beiden Geschlechter bestimmte, gegen die man unmöglich rebellieren konnte. Und Rosalia hatte in all den Jahren ihres Lebens nie daran gedacht zu rebellieren, sie hatte die Regeln akzeptiert, auch wenn sie nicht von Gott persönlich gegeben worden wären: auch sie war der Meinung, dass Frauen auf „*o postu so*“ bleiben sollten.

Doch auf die Frage des schnüffelnden Reisenden wollte sie nicht antworten und wendete sich ab, um aus dem Fenster zu sehen.

[34]Die Frau muss auf ihrem Platz bleiben.

Lo sapeva, se avesse nominato il paese dal quale proveniva, tutti l'avrebbero guardata con curiosità e magari sarebbe stata tempestata di domande: tre settimane prima, il 1 maggio di quel 1947, a una festa che lei non aveva capito e alla quale si era guardata bene di andare, c'era stata una carneficina. Lei andava solo alle feste religiose. Da che mondo è mondo le feste si fanno solo ai Santi, anche il parroco lo aveva detto in chiesa: statevene a casa, aveva detto, e pregate per le anime del Purgatorio. Lì si festeggiavano i lavoratori, se aveva capito bene. E che c'è da festeggiare? si era chiesta, da quando in qua si festeggia chi lavora? e così non era andata. La mattina presto aveva cercato di convincere le sue vicine a starsene in casa, senza però aggiungere che suo figlio, latitante dal '43, la notte precedente aveva mandato una persona di fiducia per avvertirla.

Ma gli uomini avevano deciso: le mogli e i bambini dovevano venire alla festa, da soli non sarebbero andati. Migliaia di persone di tutta la Piana degli Albanesi si sarebbero riversate a Portella della Ginestra per festeggiare, per la prima volta, il giorno dei lavoratori. Con mortaretti, *càlia*[35] e torroncino. Una festa per tutta la famiglia, avevano detto.

E si erano fatti ammazzare come conigli[36].

Ora si era messa in viaggio perché era arrivato un telegramma.

La seconda volta in tutta la sua vita che il postino si fermava alla sua porta: la prima volta era stato esattamente il 16 novembre del 1917, un venerdì piovoso, una giornata che non avrebbe mai dimenticato. Una lettera del comando

---

[35] Ceci abbrustoliti, tipici in Sicilia.

[36] L'eccidio di Portella della Ginestra, avvenuto 10 giorni dopo le elezioni regionali, (20 aprile 1947, col 30% per il blocco di sinistra e il 21% per la DC) fu un avvertimento per tutto il Paese. Si suppone un ordine degli Stati Uniti: i documenti di archivio soltanto dal 2012 sono visibili agli storici.

Sie wusste, wenn sie den Namen des Dorfes verriet, aus dem sie kam, würden sie alle ansehen, neugierig und vielleicht hätte sie sich einem Sturm von Fragen stellen müssen: drei Wochen zuvor, am 1. Mai 1947, auf einem Fest, das sie nicht verstand, und auf das sie sich gehütet hatte zu gehen, hatte es ein Blutbad gegeben. Sie selbst ging nur zu religiösen Festen. Seit Anbeginn der Zeit feiert man nur die Heiligen, auch der Pfarrer in der Kirche hatte das gesagt: bleibt Zuhause, hatte er gesagt, und betet für die Seelen im Fegefeuer. Dort feierte man die Arbeiter, wenn sie es recht verstanden hatte. Und was gibt es zu feiern? hatte sie sich gefragt, seit wann feiert man hier die Arbeitenden? Also war sie nicht gegangen. Am frühen Morgen hatte sie versucht die Nachbarinnen zu überzeugen Zuhause zu bleiben, jedoch ohne hinzuzufügen, dass ihr Sohn, der seit 1943 flüchtig war, in der Nacht eine Vertrauensperson geschickt hatte, um sie zu warnen.

Doch die Männer hatten beschlossen: Frauen und Kinder mussten mitkommen, allein würden sie nicht gehen. Einige tausend Menschen aus La Piana degli Albanesi waren zur Portella della Ginestra gegangen, um zum ersten Mal das Fest der Arbeiter zu feiern. Mit Böllern, *Càlia*[37] und Torroncino. Ein Fest für die ganze Familie, hatten sie gesagt.

Und sie hatten sich wie die Hasen abschlachten lassen[38].

Jetzt war sie auf Reisen, weil sie ein Telegramm bekommen hatte.

Es war das zweite Mal in ihrem Leben, dass der Postbote an ihre Tür kam: das erste Mal war es am 16. November 1917 gewesen, ein regnerischer Freitag, ein Tag, den sie nie vergessen würde. Ein Brief vom Militärkommando, der ihr mitteilte, dass

[37]Geröstete Kichererbsen, typisch in Sizilien

[38]Das Blutbad von Portella della Ginestra, das 10 Tage nach den Regionalwahlen passierte (20. April 1947, mit 30% für den Linken Block und 21% für DC) war eine Warnung für das gesamte Land. Man ging von einem Befehl der Vereinigten Staaten aus: die Dokumente im Archiv können die Historiker erst seit 2012 einsehen.

militare per avvertirla che Sebastiano Schirò, suo marito, di anni 23, era caduto durante una battaglia sull'Isonzo. Con quella lettera era entrata nella lunga lista delle vedove di guerra, e aveva solo 16 anni. Si era sposata infatti poco prima che lui partisse per il fronte. Da allora non l'aveva più visto.

Al bambino che intanto era nato aveva dato il nome del padre, Sebastiano, per lei Janu e da piccolo Januzzu.

Janu già da ragazzino aveva dichiarato che non avrebbe fatto la fine del padre, a costo di mutilarsi un piede o una mano. In seguito, con la scusa di essere figlio unico di madre vedova, aveva evitato il servizio di leva; all'inizio della guerra poi si era imboscato insieme ad altri giovani suoi coetanei. L'arrivo degli alleati aveva più o meno giustificato anche davanti agli occhi della gente la sua posizione di protesta, senza contare che far parte di una banda con un capo famoso gli aveva procurato anche un certo prestigio.[39]

Rosalia accettava i suoi doni senza protestare né chiederne la provenienza. Aveva sperato, alla fine della guerra, in un'amnistia per tutte le azioni di brigantaggio, avvenute, si diceva, a fin di bene: non per niente il proverbio dice: „*cu arrubba pi manciari nun fa piccatu*"[40]. E lei credeva a quel proverbio, ci voleva credere, anche se ogni notte si svegliava alle quattro e si tormentava: dove sarà, povero figlio mio? dove dorme? che sta facendo?

Da quando era morto anche il padre era rimasta sola: ma lei, neanche col padre aveva osato dar voce ai propri pensieri. Secondo lui avrebbe dovuto presentarsi al servizio di leva e seguire punto per punto la legge, anche a costo di farsi am-

[39] Si allude alla banda di Salvatore Giuliano

[40] Chi ruba per mangiare non fa peccato.

Sebastiano Schirò, ihr 23 Jahre alter Ehemann, in der Schlacht am Isonzo gefallen war. Mit diesem Brief wurde sie eine von vielen Kriegswitwen und dabei war sie erst 16 Jahre alt. Sie hatte geheiratet kurz bevor er an die Front musste. Danach hatten sie sich nie mehr gesehen.

Dem Kind, das sie geboren hatte, hatte sie den Namen des Vaters gegeben, Sebastiano, für sie Janu und als er klein war Januzzu.

Janu hatte schon früh erklärt, dass er nicht wie sein Vater enden werde, auch wenn er dafür Fuß oder Hand verstümmeln müsste. Zuerst hatte er sich vor dem Wehrdienst mit der Ausrede, der einzige Sohn einer Witwe zu sein, gedrückt; zu Beginn des Krieges, war er dann mit anderen gleichaltrigen untergetaucht. Die Ankunft der Alliierten hatte seinen Protest mehr oder weniger auch in den Augen der Leute gerechtfertigt, ohne zu berücksichtigen, dass er einer Bande mit einem berühmten Anführer angehörte, was ihm zu einem gewissen Ansehen verhalf.[41]

Rosalia nahm seine Geschenke ohne Protest entgegen und fragte auch nicht nach deren Herkunft. Sie hatte am Ende des Krieges auf eine Amnestie für das Brigantentum gehofft, das ja einem guten Zweck gedient hatte, wie man sagte: nicht umsonst gab es das Sprichwort: „*cu arrubba pi manciari nun fa piccatu*[42]“. Und sie glaubte an dieses Sprichwort, sie wollte daran glauben, auch wenn sie jede Nacht um vier aufwachte und sich quälte: wo wird er nur sein, mein armes Kind? Wo schläft er? Was macht er?

Seit ihr Vater gestorben war, war sie alleine, doch sie hatte sich auch vor dem Vater nicht getraut ihre Gedanken laut auszusprechen. Seiner Meinung nach hätte er sich zum Wehrdienst melden müssen und dem Gesetz Punkt für Punkt Folge leisten sol-

[41] Es wird auf die Bande von Salvatore Giuliano angespielt

[42] Wer stiehlt, um zu essen, begeht keine Sünde

mazzare, ma onorevolmente. E invece, se qualcuno chiedeva notizie del nipote abbassava gli occhi, per la vergogna. Per non parlare dei tipi che si presentavano, di notte, con sacchi di farina e altro: lui avrebbe preferito fare la fame piuttosto che nutrirsi di roba rubata. Ma poi, anche se protestava, finiva col mangiare insieme a lei, tenendo la *coppola*[43] con la visiera abbassata, e facendosi il segno della croce a ogni boccone che portava in bocca: così era suo padre. Non le era stato di aiuto, mai. Neanche prima, quando era morta la madre e lei era rimasta sola col bambino da crescere. Lui non aveva fatto altro che *lastimiàre.*[44]

Janu non era stato un ragazzo facile da guidare, sempre *ngrugnatu*[45], gli occhi sospettosi, in agguato, pronto a ogni crudeltà: una volta lo aveva sorpreso mentre insieme ad altri ragazzini torturava un gatto. Le botte che gli aveva dato non erano servite a niente. Si era incattivito di più. Aveva sputato davanti ai suoi piedi, senza versare neanche una lacrima. Rosalia aveva subito pensato che ci fosse stato un padre non sarebbe cresciuto così. E poi non voleva andare a scuola, non voleva lavorare insieme al nonno dall'alba al tramonto, per sterrare un pezzetto di terra che non produceva niente. Per questo motivo, e anche per la sua bonomia lo disprezzava. Anzi si vergognava di quel vecchio che accettava il proprio destino senza protestare. Le uniche volte in cui il suo viso si rischiariva era quando parlava della *Merica*[46], il paese dalle mille possibilità, dove era facile diventare ricchi senza lavorare, cercando l'oro nei fiumi: storie che raccontavano i padri dei suoi amici, emigrati e poi tornati con le tasche piene di dollari.

Dopo la strage del 1° maggio non aveva più dato notizie di sé, e ora quel telegramma sibillino, proveniente da Milano:

[43]Berretto con visiera, tipica dei contadini siciliani.
[44]Lamentarsi.
[45]Di cattivo umore.
[46]America

len, auch wenn es ihn umbrachte, das war dann wenigsten ehrenvoll. Wenn ihn jemand nach dem Enkel fragte, so senkte er den Blick wegen der Schande. Von den Kerlen, die nachts mit Mehl und anderem auftauchten ganz zu schweigen: er hätte lieber gehungert, als sich von Gestohlenem zu ernähren. Doch auch wenn er protestierte, aß er schließlich mit ihr, behielt seine *Coppola*[47]auf, den Schirm nach unten gezogen und schlug bei jedem Bissen, den er zum Mund führte das Kreuzzeichen: so war ihr Vater. Er war ihr nie eine Hilfe gewesen, auch nicht nachdem ihre Mutter gestorben und sie mit ihrem Kind alleine geblieben war. Er hatte nichts getan als *lastimiàre*[48].

Janu war kein einfaches Kind gewesen, immer *ngrugnatu*[49], mit misstrauischen Augen, lauernd, bereit zu einer Gemeinheit: einmal hatte sie ihn zusammen mit anderen erwischt, wie sie eine Katze quälten. Die Schläge, die sie ihm gegeben hatte, hatten nichts gebracht. Er war nur noch bösartiger geworden. Er hatte ihr vor die Füße gespuckt, ohne eine Träne zu vergießen. Rosalia hatte sofort gedacht, dass er anders geworden wäre, wäre ein Vater da gewesen. Und er wollte auch nicht zur Schule gehen, er wollte nicht mit dem Großvater von früh bis spät das kleine Stückchen Land bestellen, das nichts einbrachte. Deshalb und auch wegen dessen Gutmütigkeit verachtete er ihn. Er schämte sich sogar für den Alten, der sein Schicksal ohne Proteste hinnahm. Seine Augen leuchteten nur, wenn er über *Merica*[50] sprach, das Land der tausend Möglichkeiten, wo man leicht reich wurde, ohne zu arbeiten, indem man Gold in den Flüssen suchte: Geschichten, die die Väter seiner Freunde erzählten, die ausgewandert waren und mit den Taschen voll Dollars zurückkamen.

Nach dem Massaker vom 1. Mai hatte sie nichts mehr von ihm gehört und jetzt das geheimnisvolle Telegramm aus Mailand:

[47]Schirmmütze, typisch für sizilianische Bauern
[48]Lamentieren
[49]Schlecht gelaunt
[50]Amerika

due sole parole "Venite. Sebastiano."

A Milano. Come incontrarlo? E i soldi per il biglietto? Il postino rigirò il telegramma fra le mani anche lui in cerca di qualcosa.

«Qui c'è scritto Milano... altro non c'è.» Ma la stessa sera ebbe una visita chiarificatrice, più una busta col biglietto del treno e l'orario di partenza. Un uomo autoritario, uno che non aveva mai visto prima.

Così, il lunedì mattina, poco prima dell'alba, si era messa in cammino per prendere la corriera che l'avrebbe portata alla stazione di Palermo.

Conosceva la strada, ogni albero, ogni cespuglio di fichi d'india, ogni mucchio di sassi, ma era inquieta: ogni fruscio la faceva trasalire, e lei non era certo donna da spaventarsi per così poco. Ma il viottolo solitario, il silenzio intorno, – aveva l'impressione di sentir respirare la terra, benché avesse poco da respirare tanto era secca – e quella particolare attesa che segna il passaggio fra la notte e il giorno, tutto la metteva in allarme. Inutile ripetersi che era troppo presto, che nel cielo si potevano ancora distinguere le stelle come in piena notte: il cuore si impuntava, non la testa, e quando arrivò alla fermata se lo sentì in gola, il cuore. Batteva convulso infatti, forse per la corsa fatta sull'ultimo tratto di strada: aveva dovuto attraversare un boschetto, assai rado in verità, ma fra tronco e tronco aveva creduto di vedere ombre misteriose fuggire, avvicinarsi, accerchiarla da ogni parte. Era solo un'allucinazione?

La corriera era già abbastanza piena, ma lungo il percorso era salita tanta di quella gente che all'arrivo a Palermo fra persona e persona non sarebbe passato neanche un filo di paglia.

Il treno per Messina non era ancora sul binario. Aspettò insieme agli altri, paziente, guardandosi intorno: Dio quanta gente, pensò, mezza Sicilia aspetta su questo marciapiede.

nur zwei Worte: „Kommt! Sebastiano."

Nach Mailand. Wie sollte sie ihn treffen? Und das Geld für die Fahrkarte? Der Postbote drehte das Telegramm in den Händen, auch er auf der Suche nach etwas.

»Hier steht Mailand… mehr ist da nicht.« Doch noch am gleichen Abend erhielt sie einen klarstellenden Besuch und einen Umschlag mit einer Fahrkarte und der Abfahrtszeit. Ein autoritärer Mann, den sie noch nie zuvor gesehen hatte.

Also machte sie sich am Montagmorgen kurz vor Sonnenaufgang auf den Weg und nahm den Bus, der sie zum Bahnhof von Palermo brachte.

Sie kannte die Straßen, jeden Baum, jeden Feigenstrauch, jeden Steinhaufen, doch sie war unruhig: jedes Rascheln ließ sie aufschrecken und sie war keine Frau, die sich leicht erschreckte. Doch der einsame Weg, die Stille um sie – sie hatte den Eindruck, sie könne die Erde atmen hören, obwohl die nichts zu atmen hatte, trocken wie sie war – und diese spezielle Erwartung, die den Übergang von der Nacht zum Tage kennzeichnet, alles versetzte sie in Alarmbereitschaft. Es nützte nicht, dass sie für sich wiederholte es sei zu früh, dass man am Himmel noch die Sterne wie mitten in der Nacht ausmachen konnte: Ihr Herz sträubte sich, nicht ihr Kopf und als sie an der Haltestelle ankam, schlug es ihr bis zum Hals, das Herz. Es schlug tatsächlich fieberhaft, vielleicht wegen dem letzten Stück Straße: sie hatte einen Wald durchqueren müssen, der in Wahrheit recht spärlich war, doch zwischen den Stämmen hatte sie geglaubt geheimnisvolle Schatten fliehen, sich nähern, sie überall suchen, zu sehen. Bildete sie sich das nur ein?

Der Bus war schon recht voll gewesen, doch während der Fahrt waren noch so viele zugestiegen, dass bei der Ankunft in Palermo zwischen zwei Personen kein Strohalm mehr gepasst hätte.

Der Zug nach Messina stand noch nicht am Gleis. Sie wartete geduldig gemeinsam mit den anderen und sah sich um: Mein Gott, wie viele Leute, dachte sie, halb Sizilien wartet hier auf

Appena il treno si era messo in movimento era entrato quel chiacchierone nel suo vagone di terza classe, e si era piantato lì, a gambe larghe, in mezzo alla gente, fra valigie, pacchi e fagotti che ingombravano il passaggio.

La mattina presto non aveva potuto inghiottire neanche un pezzetto di pane, sia per l'agitazione che per l'ora quasi notturna. Ora lo stomaco brontolava. Avrebbe mangiato volentieri un boccone di pane e formaggio. Un pezzo di pecorino che piaceva tanto a Janu. L'aveva involtato in una tovaglietta di lino per tenerlo fresco. Teneva la borsa, suo unico bagaglio, stretta sulle ginocchia da quando stava seduta. Sentendo la coscia del vicino premere contro la sua le venne di pensare: "Dio ha creato gli uomini per punire le donne". Ma subito si fece velocemente il segno della croce. Aveva imparato che Dio aveva creato prima l'uomo e poi la donna, ricavandola addirittura da una sua costola: forse per questo gli uomini erano prepotenti verso le donne: perché avevano dovuto privarsi di una costola. Questo pensiero la fece sorridere, appena appena però.

Rosolia Schirò era una donna che non sorrideva spesso e se lo faceva riusciva a infilarci un fondo di amarezza, di ironia. Era sempre vestita di nero, un lutto portato prima per il marito, poi per la madre, morta di spagnola dopo la Grande guerra, poi per il padre e infine per abitudine. E anche perché non aveva altro da mettere. I colori in casa sua non erano entrati mai: per il figlio aveva aggiustato la roba del padre e poi del nonno. Ed era sempre roba scura. Se vedeva per strada una ragazza con un vestito chiaro, rosa o celeste, si fermava un momento a guardare, sorpresa che ci fossero altri colori oltre al nero o al grigio e trovava quei colori una provocazione, un segno di peccato. Non ricordava in tutta la sua vita, anche prima di sposarsi, di essersi vestita di chiaro:

dem Bahnsteig.

Kaum hatte sich der Zug in Bewegung gesetzt, war der Schwätzer in ihren Wagon der dritten Klasse eingetreten und hatte sich breitbeinig hin gestellt, zwischen die Leute, zwischen Koffer, Pakete und Bündel, die den Gang versperrten.

Am frühen Morgen hatte sie nicht einmal ein Stück Brot hinunter bekommen, sei es vor Aufregung oder wegen der frühen Stunde. Jetzt knurrte ihr Magen. Sie hätte gerne ein Stück Brot mit Käse gegessen. Ein Stück Pecorino, den Janu so gern mochte. Sie hatte ihn in ein Stück Leinen eingeschlagen, damit er frisch blieb. Sie hielt ihre Tasche, das einzige Gepäck, das sie hatte, auf ihrem Schoß, seit sie sich gesetzt hatte. Sie spürte, wie der Oberschenkel ihres Nachbarn gegen ihren drückte und sie dachte: „Gott hat die Männer erschaffen, um die Frauen zu strafen". Doch sofort schlug sie schnell das Kreuzzeichen. Sie hatte gelernt, dass Gott den Mann zuerst erschaffen hatte und dann die Frau aus einer Rippe des Mannes: vielleicht waren die Männer den Frauen gegenüber deswegen so anmaßend, weil sie ihretwegen auf eine Rippe verzichten mussten. Bei diesem Gedanken musste sie lächeln, doch ganz leicht nur.

Rosalia Schirò war eine Frau, die nicht oft lächelte und wenn sie es tat, so schaffte sie es stets einen bitteren, ironischen Hintergrund beizumischen. Sie war immer schwarz gekleidet, erst in Trauer um ihren Ehemann, dann um die Mutter, die nach dem großen Krieg an der spanischen Grippe gestorben war, dann um den Vater und schließlich aus Gewohnheit. Und auch weil sie nichts anderes zum Anziehen hatte. Farben waren nie in ihr Haus eingezogen: für ihren Sohn hatte sie erst die Sachen seines Vaters, dann seines Großvaters ausgebessert. Und es waren immer dunkle Sachen gewesen. Wenn sie auf der Straße ein Mädchen in einem hellen Kleid sah, rosa oder hellblau, so hielt sie einen Moment inne, um zu schauen, überrascht darüber, dass es noch andere Farben außer schwarz und grau gab und sie empfand diese Farben als Provokation, als Zeichen einer Sün-

certo la camicia era bianca, ma si trattava di un indumento intimo che non si doveva mostrare per strada.

Era piccola, magra come una ragazza, e forte, muscolosa, per il lavoro della terra. I capelli, una volta neri e folti, raccolti in una treccia dietro la nuca, mostravano più di un filo bianco, e anche il viso dalla pelle dura, bruna, era coperto di rughe, proprio come una vecchia. Il pezzo di specchio nel quale la mattina gettava uno sguardo mentre rimetteva in ordine i capelli, le riportava il ritratto della madre tale e quale: soltanto gli occhi erano diversi, nonostante conservassero lo stesso taglio. Quelli della madre erano rassegnati, occhi di donna abituata da sempre a chinare la testa, prima davanti al padre, poi davanti al marito. Rosalia non aveva chinato gli occhi davanti a nessun uomo. La vedovanza le aveva risparmiato quell'estremo atto di sottomissione che ogni giovane donna deve prendere su di sé: l'obbedienza al padre è un precetto riconosciuto anche dai comandamenti, "onora il padre e la madre", ma al marito? un coetaneo che inoltre esige altri diritti più intimi, personali, non permessi a un genitore. No. Nei Dieci Comandamenti neanche un cenno sul dovere di obbedire al marito e ad altri uomini.

Negli occhi di Rosalia non si leggeva la rassegnazione della donna umiliata dalla vita e dalla brutalità di un uomo, a sua volta umiliato (lui però, come uomo, aveva la possibilità di scaricare tutto il suo scontento sull'unica persona a lui sottomessa). In lei c'era una sorta di rabbia, una ferrea volontà di sopravvivere a qualunque costo. Ma nonostante la modestia, il ritegno nei confronti dei maschi, inculcategli da generazioni di donne sottomesse, non le impedivano di vedere le ingiustizie di cui per il solo fatto di essere femmina veniva fatta oggetto.

de. Sie erinnerte sich nicht daran, auch vor ihrer Hochzeit, jemals etwas Helles getragen zu haben: natürlich hatte sie ein weißes Hemd, doch dabei handelte es sich um Unterwäsche, die man auf der Straße nicht sehen durfte.

Sie war klein, mager wie ein Mädchen und stark, muskulös von der Feldarbeit. Ihre Haare, die früher einmal schwarz und dicht waren, waren im Nacken zu einem Zopf gebunden und zeigten mehr als einen weißen Faden. Auch ihr Gesicht mit der rauen, gebräunten Haut war voll von Falten, wie bei einer alten Frau. Das Stück Spiegel, vor dem sie sich morgens die Haare machte, zeigte ihr das Bild ihrer Mutter: nur die Augen waren anders, obwohl sie die gleiche Form hatten. Die der Mutter waren resigniert, die Augen einer Frau, die daran gewöhnt war ihr Haupt zu beugen, zuerst vor dem Vater, dann vor dem Ehemann. Rosalia hatte ihre Augen vor keinem Mann niedergeschlagen. Ihre Witwenschaft hatte ihr die extreme Unterwerfung, die jede junge Frau auf sich nehmen muss, erspart: der Gehorsam dem Vater gegenüber steht schon in den Zehn Geboten „du sollst Vater und Mutter ehren“, aber dem Ehemann gegenüber? Ein Gleichaltriger, der außerdem noch intimere, persönlichere Rechte erhielt, die keinem Elternteil zustanden. Nein. In den ‚Zehn Geboten‘ steht nicht mal ein Hauch von der Pflicht dem Ehemann oder anderen Männern gehorchen zu müssen.

In Rosalias Augen las man nicht die Resignation einer Frau, die vom Leben und der Brutalität eines Mannes gedemütigt war, der seinerseits auch wieder gedemütigt worden war (er jedoch, hatte als Mann die Möglichkeit seinen Unmut an der einzigen ihm unterlegenen Person abzuladen). In ihr war eine besondere Art Wut, ein eiserner Wille, um jeden Preis zu überleben. Doch trotz aller Bescheidenheit und der Zurückhaltung Männern gegenüber, die Generationen von unterdrückten Frauen eingeschärft wurde, hinderte sie das nicht die Ungerechtigkeit zu sehen, die sie zum Objekt machte, nur weil sie eine Frau war.

E ora questo viaggio verso un'ignota destinazione. Non si era consigliata con nessuno. A chi dire che il figlio le aveva mandato un telegramma?

Benché più di una vicina avesse osservato il postino: «*Cu vi scrivi?*[51]» Rosalia aveva schivato una risposta diretta, anzi aveva fatto capire che ognuno farebbe bene a farsi gli affari propri. La mattina presto era uscita di casa come una ladra. Non doveva rendere conto a nessuno, ma sapeva che nel vicolo tutti si sarebbero chiesti dove fosse andata e perché e se non ci fosse di mezzo il figlio o qualcun altro della banda.

Perché tutti sapevano cosa faceva Janu Schirò.

«Adesso hanno dato il voto alle donne... con quale risultato!» Era giusto il suo vicino a vociare insieme agli altri, spingendo con intenzione il suo fianco contro di lei.

«A casa devono stare, le donne. Le avete viste il 2 giugno? Tutte fuori, a votare... un festino... e anche le monache sono uscite dai conventi. Lo hanno fatto apposta i cattolici: per avere i voti delle donne e vincere le elezioni.»

«Ma che raccontate! Storie vecchie di un anno. Avete visto la scoppola alle regionali? Che donne e donne!»

Rosalia pensò che infatti per le regionali non aveva votato: l'anno prima sì, ma aveva ricevuto un chilo di pasta. Quest'anno niente pasta, e lei, come tutti gli altri, aveva rinunciato a votare, ecco spiegato il mistero. Senza contare che suo figlio l'aveva fatta avvertire, che restasse in casa, quel giorno. Lui era sempre informato e badava a lei, anche da lontano.

«Intanto abbiamo l'Autonomia. Ora ci possiamo governare

[51]Chi vi scrive?

Und jetzt diese Reise zu einem unbekannten Ziel. Sie hatte niemanden zu Rate gezogen. Wem hätte sie erzählen sollen, dass ihr Sohn ein Telegramm geschickt hatte?

Obwohl mehr als eine Nachbarin den Postboten gesehen hatte: »*Cu vi scrivi?*[52]« Rosalia war einer direkten Antwort ausgewichen, sie bedeutete ihnen sogar, dass sie sich lieber um ihre eigenen Angelegenheiten kümmern sollten. Wie eine Diebin stahl sie sich am frühen Morgen aus dem Haus. Sie durfte niemandem auffallen, doch sie wusste, dass man sich in dem Sträßchen fragte, wo sie hingegangen war und warum, und ob nicht der Sohn dahinter steckte oder jemand anderer von der Bande.

Denn jeder wusste, was Janu Schirò machte.

»Jetzt haben Frauen das Recht zu wählen… und mit welchem Ergebnis!« Es war ausgerechnet ihr Nachbar, der mit anderen sprach und sich absichtlich gegen sie drückte.

»Zuhause sollen sie bleiben, die Frauen. Habt ihr sie am 2. Juni gesehen? Alle draußen zum Wählen… ein Fest… und auch die Nonnen kamen aus dem Kloster. Das haben die Katholiken absichtlich gemacht: um die Stimmen der Frauen zu bekommen und die Wahlen zu gewinnen.«

»Was sagen Sie da! Alte Geschichten von vor einem Jahr. Habt ihr die Niederlage bei der Regionalwahl gesehen? Trotz Frauen und Frauen!«

Rosalia dachte, dass sie bei den Regionalwahlen tatsächlich nicht wählen gegangen waren: das Jahr zuvor schon, da hatte sie ein Kilo Nudeln bekommen. Dieses Jahr gab es keine Nudeln und sie hatte sich, wie alle anderen, geweigert zu wählen, das war das ganze Geheimnis. Ohne ihren Sohn zu erwähnen, der sie hatte warnen lassen, damit sie Zuhause blieb an jenem Tag. Er hatte sie immer auf dem Laufenden gehalten und sich auch aus der Ferne um sie gekümmert.

»Inzwischen haben wir die Autonomie. Jetzt können wir uns

[52] Wer schreibt Euch?

da soli, senza chiedere il permesso a Roma. Noi con quelli del continente non abbiamo più niente da spartire.» Chi parlava era di nuovo il tipo di prima. Ora si metteva a fare anche il comizio.

Rosalia senza dare a vedere, lo aveva esaminato: indossava un paio di pantaloni di stoffa leggera, chiara, una camicia bianca a maniche corte e la giacca buttata su una spalla. Aveva le mani morbide, lisce, di chi non ha mai adoperato la zappa o altro arnese di lavoro, mani di chi lavora a tavolino.

Il vicino di Rosalia intanto aveva tirato fuori da un fagotto che teneva sotto il sedile un pezzo di pane e formaggio. Poi cercò nella tasca dei pantaloni un coltellino a serramanico, lo aprì e prese a tagliare dei pezzetti di formaggio. Rosalia pensò: „*accussì voli Diu, tu manci e iu taliu*"[53]. Decise però di aspettare. Sul traghetto avrebbe mangiato anche lei, da qualche parte, senza permettere a nessuno di contare i bocconi che metteva in bocca. Mangiare per lei era sempre stato un atto religioso, da consumarsi in privato.

Anche altri, incoraggiati dal primo, cominciarono a mangiare. Non tutti. Si vedeva che alcuni erano trattenuti da chissà quali inibizioni e si guardavano in giro imbarazzati.

«*E vui, cummari, non aviti fami? Pozzu offriri?*[54]» Proprio quel prepotente del suo vicino cercava ora di attaccare discorso. Rosalia scosse solo la testa, senza rispondere.

Si girò a guardare dal finestrino. Vide il mare, grande, senza fine.

Un pensiero per l'ennesima volta attraversò la sua mente, come una lama di coltello: perché quel telegramma? E che faceva a Milano? Perché la chiamava? Che voleva dire?

Per la prima volta ebbe un cattivo presentimento. Il tele-

---

[53]Così vuole Dio: tu mangi e io guardo. Proverbio siciliano.
[54]E voi, comare (femminile di compare) non avete fame? Posso offrire?

selbst regieren, ohne immer in Rom um Erlaubnis zu fragen. Wir haben mit denen auf dem Festland nichts zu teilen.« Erneut redete der von vorhin. Jetzt fing er auch noch an Wahlwerbung zu betreiben.

Rosalia hatte ihn verstohlen gemustert: er trug eine Hose aus leichtem, hellen Stoff, ein weißes, kurzärmliges Hemd und eine Jacke, die er über die Schultern geworfen hatte. Er hatte die weichen, glatten Hände, von jemandem, der nie die Hacke benutzt oder eine andere bäuerliche Arbeit gemacht hatte, Hände von jemandem, der am Schreibtisch arbeitet.

Rosalias Nachbar hatte inzwischen aus dem Bündel, das er unter den Sitz geschoben hatte, ein Stück Brot und Käse heraus genommen. Dann suchte er in seiner Hosentasche nach einem Taschenmesser, er öffnete es und schnitt Käsestücke ab. Rosalia dachte: „*accusì voli Diu, tu manci e iu taliu*[55]“. Sie entschloss sich zu warten. Sie würde irgendwo auf der Fähre essen und dabei nicht zulassen, dass jemand die Bissen zählte, die sie zu sich nahm. Essen war für sie immer etwas Religiöses gewesen, etwas Privates.

Auch andere, ermutigt vom Ersten, begannen zu essen. Nicht alle. Man sah, dass einige von irgendetwas zurückgehalten wurden und verunsichert umher sahen.

»*E vui cummari, non aviti fami? Pozzu offriri?*[56]« Ausgerechnet ihr anmaßender Nachbar versuchte jetzt mit ihr eine Unterhaltung zu beginnen. Rosalia schüttelte nur den Kopf, ohne zu antworten.

Sie wendete sich ab, um aus dem Fenster zu schauen. Sie sah das Meer, groß, endlos.

Ein Gedanke fuhr ihr zum hundertsten Male durch den Kopf, wie die Klinge eines Messers: Warum dieses Telegramm? Und was machte er in Mailand? Warum rief er sie zu sich? Was sollte das bedeuten?

Zum ersten Mal hatte sie ein schlechtes Vorgefühl. Das Te-

---

[55]So will es Gott: du isst und ich schau zu. Sizilianisches Sprichwort.
[56]Und ihr, Gevatterin, habt keinen Hunger? Darf ich etwas anbieten?

gramma era arrivato il 17, di sabato. E meno male che non era arrivato il giorno prima, di venerdì, giorno maledetto da Dio. Poi rifletté che anche l'anno aveva un 7, 1947. Avrebbe dovuto essere più cauta, fare almeno le carte, chiedere consiglio a un Santo: il 7 è un numero troppo simbolico e cominciò a enumerare quanti 7 conosceva. Per primo le vennero in mente i sette peccati capitali, poi i sette sacramenti, Gesugiuseppemaria... e nelle carte il 7 significa dubbio, inganno. Lei, niente, non aveva pensato alle conseguenze di quel malaugurato numero. Cercò ancora le volte in cui si era scontrata con quel numero: nel 1917 era rimasta vedova! Anche lì c'era il 7 di mezzo.

«Non dimenticate che dalla settimana scorsa siamo autonomi, non dipendiamo più da nessuno», riprese a vociare il tipo di prima, visto che nessuno aveva reagito: sembrava volesse provocare.

«E che vuol dire che non dipendiamo da nessuno? Avete dimenticato i padroni...» ribatté una voce da dietro il sedile, una voce giovane, venata di ironia. Quasi di ragazzo. Rosalia si sentì stringere il cuore: da quando tempo non vedeva *u figghiuzzu so*[57], da quando non sentiva la sua voce autoritaria, scontenta, spesso irosa. Ora finalmente lo avrebbe rivisto, ma non riusciva ad esserne contenta: qualcosa non andava per il suo verso.

«Macché autonomia e autonomia: un taglio secco ci voleva. Una Nazione Siciliana... altro che autonomia!» gridò qualcuno.

«Ma come... parlate ancora di separatismo? Mi domando dov'è la logica: qui tutti volevano il Re, il 64 % ha votato per la monarchia... lo avete dimenticato? Cose da pazzi, ancora il Re, dopo tutto quello che ha combinato.»

---

[57]Il figlioletto suo.

legramm war am Samstag den 17ten angekommen. Zum Glück war es nicht am Tag zuvor angekommen, einem Freitag, dem von Gott verfluchten Tag. Dann überlegte sie, dass auch das Jahr eine 7 hatte, 1947. Sie hätte vorsichtiger sein sollen, wenigstens die Karten legen, einen Heiligen um Rat fragen: die 7 war eine zu bedeutungsvolle Zahl und sie begann zu überschlagen, wie viele 7 sie kannte, Zuallererst kamen ihr die sieben Todsünden in den Sinn, dann die sieben Sakramente, Jesusmariaundjoseph… und in den Karten bedeutete die 7 Zweifel und Betrug. Und sie hatte nicht an die Folgen dieser verwunschenen Zahl gedacht. Sie dachte an die Male, in denen sie der Zahl begegnet war: 1917 wurde sie Witwe! Auch da war eine 7 im Spiel.

»Vergesst nicht, dass wir seit letzter Woche die Autonomie haben, wir sind von niemandem mehr abhängig«, ergriff der Kerl von vorhin das Wort wieder, nachdem niemand reagiert hatte: er schien provozieren zu wollen.

»Was soll das heißen, wir sind von niemandem abhängig? Sie haben wohl die Großgrundbesitzer vergessen…« gab eine Stimme von hinter dem Sitz zurück, eine junge Stimme, mit einem Hauch Ironie. Fast noch ein Junge. Rosalia zog sich das Herz zusammen: wie lang hatte sie *u figghiuzzu so*[58] nicht mehr gesehen, wie lang schon seine autoritäre, unzufriedene, oft zornige Stimme nicht mehr gehört. Nun würde sie ihn endlich wiedersehen, doch ihr gelang es nicht sich darüber zu freuen: etwas lief schief.

»Ach was, Autonomie, Autonomie: man braucht einen harten Schnitt. Eine Sizilianische Nation… eher als Autonomie!«, rief jemand.

»Wie… ihr redet immer noch von Separatismus? Ich frage mich, wo da die Logik ist: hier wollen alle den König, 64% haben für die Monarchie gestimmt… habt ihr das vergessen? Verrückt, noch den König zu wollen, nach allem, was er angestellt hat.«

---

[58]Ihr Söhnchen

«E invece ora abbiamo la Repubblica... la democrazia... la libertà di farci sparare addosso dal...» proseguì sempre più sarcastico, quello che voleva la Nazione Siciliana.

«Ma sciacquatevi la bocca prima di parlare di democrazia...» lo interruppe una voce burbera che veniva dal fondo del vagone.

Intanto il treno prese a rallentare. Messina. Tutti erano pronti per scendere. Bisognava imbarcarsi. Seguì il flusso della gente e finalmente a forza di spinte e urti si ritrovò sul traghetto. Qui cercò un posticino dove poter mangiare in pace il suo pane e formaggio.

Dopo qualche minuto si sentì osservata. Alzò la testa e incontrò gli occhi di un uomo che la guardavano intensamente: trasalì riconoscendo subito i pantaloni chiari e la camicia bianca. Ebbe subito l'istinto di farsi il segno della croce. Quell'uomo non le piaceva.

Sul treno per Roma riuscì a trovare un posticino in mezzo a due donne. Aveva chiesto a tutte le persone che salivano:

«Va a Roma?» Che guaio non saper leggere, pensò, sua madre buonanima avrebbe dovuto mandarla a scuola. Ma neanche lei sapeva leggere e non ne aveva capito la necessità.

Qui nessuno parlava, tutti immusoniti e se aprivano bocca non capiva una parola: i calabresi hanno uno strano dialetto, pensò. A Salerno dovette cambiare treno. La stessa calca, gli stessi spintoni, la stessa caccia al posto, la borsa stretta al petto. E anche qui altre facce, altro dialetto, gente litigiosa, con i nervi a fior di pelle: sembravano tutti sul punto di esplodere. In Sicilia c'era più calma, nessuno che strillasse, che si scalmanasse. I siciliani sono rassegnati già dalla nascita, da generazioni, rifletté.

Arrivò a Roma che era già scuro. Si sentiva sbandata, trasci-

»Und jetzt haben wir stattdessen die Republik... die Demokratie... die Freiheit uns erschießen zu lassen von...« fuhr der, der die Sizilianische Nation wollte, immer sarkastischer fort.

»Waschen Sie sich den Mund, bevor sie über Demokratie reden...« unterbrach ihn eine mürrische Stimme von weiter hinten im Wagon.

Der Zug bremste ab. Messina. Alle waren bereit auszusteigen. Man musste an Bord gehen. Sie folgte dem Strom der Leute und befand sich schließlich nach Stößen und Schubsereien auf der Fähre. Hier suchte sie sich ein Plätzchen, wo sie in Ruhe Brot und Käse essen konnte.

Nach ein paar Minuten fühlte sie sich beobachtet. Sie hob den Kopf und sah in die Augen eines Mannes, der sie intensiv betrachtete: sie schrak zusammen, da sie sofort die hellen Hosen und das weiße Hemd erkannte. Sie überkam sofort der Impuls sich das Kreuzzeichen zu machen. Dieser Mann gefiel ihr nicht.

Im Zug nach Rom gelang es ihr einen Platz zwischen zwei Frauen zu finden. Sie hatte jeden, der einstieg gefragt:

»Fährt der nach Rom?« Welch ein Ärger, nicht lesen zu können, dachte sie, ihre selige Mutter hätte sie in die Schule schicken sollen. Doch auch die konnte nicht lesen und hatte keine Notwendigkeit dafür gesehen.

Hier redete niemand, alle waren verdrossen und wenn sie den Mund aufmachten, verstand sie kein Wort: die Kalabrier haben einen seltsamen Dialekt, dachte sie. In Salerno musste sie umsteigen. Das gleiche Gedränge, das gleiche Geschubse, die gleiche Jagd nach einem Platz, die Tasche fest vor der Brust. Und auch hier andere Gesichter, ein anderer Dialekt, streitsüchtige Menschen, mit angeschlagenen Nerven: alle schienen kurz vor dem Explodieren zu sein. In Sizilien ging es viel ruhiger zu, niemand schrie, niemand erhitzte sich. Die Sizilianer sind von Geburt an resigniert, seit Generationen, überlegte sie.

Als sie in Rom ankam, war es schon dunkel. Sie fühlte sich

nata dalla marea di gente. Se chiedeva il treno per Milano, la guardavano assenti, forse perché non capivano il suo dialetto, o semplicemente per indifferenza. Cercò disperata da un binario all'altro, chiedendo, pregando: un uomo in divisa l'accompagnò assicurandola che quello era il treno per Milano.

Era giovane e aveva gli occhi di un siciliano.

Ora si trattava di passare la notte in un cantuccio di quel treno affollatissimo.

Qualcuno chiese: «Permesso», una voce maschile che riconobbe subito: l'uomo dai pantaloni chiari. Ancora lui. Questa volta ebbe un tuffo al cuore. Anche lui andava a Milano. La seguiva? Sapeva chi era? E come, perché? Il suo stomaco si rivoltò.

Finalmente vide il sole, sbiadito, alzarsi sulla campagna brumosa: anche quella notte era passata. Chiese al suo vicino l'ora.

«Le 7 e qualche cosa.»

Ancora il 7. Presto avrebbe incontrato il figlio.

Chi sapeva del suo viaggio? L'uomo che aveva portato il biglietto e il postino. Lo aveva dimenticato.

Nonostante la stanchezza, temette la fine di quel viaggio: un'angoscia spaventosa si impossessò di lei. Oscuri presentimenti, un vago malessere che non sapeva giustificare. No, nessuna gioia di rivedere il figlio, ma inquietudine. Paura.

Quando il treno entrò in stazione era giorno fatto. Anche questa volta si lasciò guidare dalla folla dei passeggeri e scese, esitante e confusa.

Da quanto tempo non lo vedeva: aveva ancora la barba lunga, come l'ultima volta o si era rasato? Si guardò intorno timorosa, di colpo insicura sulla giustezza della sua venuta.

desorientiert, überwältigt von der Menge an Menschen. Sie fragte nach dem Zug nach Mailand, sie wurde abwesend angeschaut, vielleicht, weil sie ihren Dialekt nicht verstanden oder einfach nur aus Desinteresse. Sie suchte verzweifelt an jedem Gleis, fragte, bat: ein Mann in Uniform begleitete sie schließlich und versicherte ihr, dass dies der Zug nach Mailand sei.

Er war jung und hatte die Augen eines Sizilianers.

Nun musste sie die Nacht in einem Winkel in diesem überfüllten Zug verbringen.

Jemand bat um „Entschuldigung"; eine männliche Stimme, die sie sofort wiedererkannte: Der Mann mit den hellen Hosen. Schon wieder er. Diesmal blieb ihr das Herz stehen. Auch er fuhr nach Mailand. Folgte er ihr? Wusste er, wer sie war? Und wie, warum? Ihr Magen zog sich zusammen.

Endlich sah sie die blasse Sonne, wie sie über der nebligen Landschaft aufging: auch diese Nacht ging vorüber. Sie fragte ihren Nachbarn nach der Uhrzeit.

»Kurz nach 7 Uhr.«

Schon wieder die 7. Bald würde sie ihren Sohn sehen.

Wer wusste von ihrer Reise? Der Mann, der ihr die Fahrkarte gebracht hatte und der Postbote. Den hatte sie vergessen.

Trotz ihrer Müdigkeit fürchtete sie das Ende dieser Reise: eine schreckliche Angst ergriff von ihr Besitz. Dunkle Vorahnungen, ein vages Unwohlsein, das sie nicht rechtfertigen konnte. Nein, keine Freude darüber ihren Sohn wieder zusehen, sondern Besorgnis. Angst.

Als der Zug den Bahnhof erreichte, war es Tag. Auch diesmal ließ sie sich von der Menge treiben und stieg aus, zögerlich und verwirrt.

Wie lang hatte sie ihn nicht mehr gesehen: war sein Bart immer noch lang, wie letztes Mal oder hatte er sich rasiert? Sie sah sich furchtsam um, plötzlich unsicher, ob es richtig gewesen war zu kommen.

«*Omà*[59]» una voce accanto al suo orecchio, una voce maschia che avrebbe riconosciuto fra mille.

«*No vi girati. Camminati davanti.*[60]» Rosalia avrebbe voluto gridare: „*scappa, figghiu miu… ti tradirunu!*[61]" Fece qualche passo senza guardarsi indietro. Poi altre voci maschili, sconosciute, in italiano:

«Fermo… fermo!» Ne nacque un tafferuglio. Mani irriguardose la spinsero da parte, con violenza.

Fece in tempo a girarsi: vide quattro uomini che tenevano stretto il figlio mentre un altro lo ammanettava. Poco distante scorse l'uomo coi pantaloni chiari. Incontrò i suoi occhi freddi e capì.

---

[59]Madre

[60]Non giratevi. Andate avanti.

[61]Scappa, figlio mio… ti hanno tradito!

»*Omà*[62]« eine Stimme an ihrem Ohr, eine Stimme, die sie unter tausend wiedererkannte.

»*No vi girati. Camminati davanti.*[63]« Rosalia hätte schreien wollen: „*Scappa, figghiu miu… ti tradiruni!*[64]" Sie ging ein paar Schritte, ohne sich umzudrehen. Dann andere Männerstimmen, unbekannte, auf Italienisch:

»Halt… stehen bleiben!« Tumult brach los. Respektlose Hände stießen sie gewaltsam weg.

Sie sah sich rechtzeitig um: vier Männer hielten ihren Sohn fest, während ein weiterer ihm Handschellen anlegte. Unweit von ihnen entdeckte sie den Mann mit den hellen Hosen. Sie sah in seine kalten Augen und verstand.

---

[62]Mutter

[63]Dreh dich nicht um. Geh weiter.

[64]Lauf, mein Sohn… sie haben dich verraten!

Queste strane creature

Dopo un ultimo abbraccio, salgo sul treno che mi porterà oltre le Alpi. La stazione di Verona è molto affollata: un fine settimana prolungato da un giorno festivo è per molta gente un'occasione per intraprendere un viaggio, anche se di breve durata, forse verso l'Austria o il Sudtirolo, paese assai amato dagli italiani. Non volendo correre il rischio di restare in piedi per tutta la durata del viaggio, contrariamente ai miei principi, ho prenotato un posto. Anna resta ancora un minuto sul marciapiede e cerca di dirmi qualcosa, un ultimo saluto, una raccomandazione. Anna, l'amica di una vita, un viso familiare, sempre pieno di apprensione, di affetto: ogni partenza, e nella nostra storia ci sono state tantissime partenze, mie, sempre mie, significa una lunga separazione e il timore mai espresso di non rivederci più. Ogni volta un nodo alla gola, un'infinita tristezza, il cuore pieno di lacrime che non ho mai versato per pudore, per non sembrare sentimentale, e il desiderio di dirle quanto mi sia importante la sua amicizia, quanto devo a lei. Ma anche le parole si rifiutano di venir fuori: spero i miei occhi sappiano parlare per me.

Ci siamo conosciute appena ventenni a Siena, all'Accademia Chigiana e, nonostante i miei frequenti viaggi e poi la decisione di lasciare per sempre l'Italia, il nostro rapporto è continuato ininterrotto: so che non c'è al mondo una persona della quale possa fidarmi a occhi chiusi come di lei. L'unica che mi conosce veramente in tutte le pieghe positive e negative del mio carattere.

Quel giorno di primo agosto, a Siena, non pensavo di fare un incontro così definitivo per la mia vita: di ritorno dalla

Die anderen Geschöpfe

Nach einer letzten Umarmung steige ich in den Zug, der mich über die Alpen bringt. Der Bahnhof von Verona ist sehr voll: ein durch einen Feiertag verlängertes Wochenende stellt für Viele eine Gelegenheit dar eine Reise zu unternehmen, auch wenn diese nur kurz ist, vielleicht nach Österreich oder Südtirol, ein Land, das die Italiener gerne mögen. Da ich das Risiko nicht eingehen wollte, die ganze Fahrt über stehen zu müssen, reservierte ich gegen mein Prinzip einen Platz. Anna verweilt noch eine Minute auf dem Bahnsteig und versucht mir etwas zu sagen, ein letzter Abschiedsgruß, eine Empfehlung. Anna, seit ewigen Zeiten meine Freundin, ein bekanntes Gesicht, immer voll Besorgnis, voll Zuneigung: jede Abreise und unsere gemeinsame Geschichte ist voll von meinen Abreisen, immer meinen, dic cinc lange Trennung bedeuteten und Angst sich nie wieder zu sehen. Jedes Mal ein Kloß im Hals, unendliche Traurigkeit, das Herz voller Tränen, die ich aus Scham nie vergossen habe, um nicht sentimental zu wirken und der Wunsch, ihr zu sagen, wie wichtig mir ihre Freundschaft ist, wie viel ich ihr zu verdanken habe. Aber auch die Worte weigern sich herauszukommen: ich hoffe meine Augen sprechen für mich.

Wir haben uns in Siena an der Accademia Chigiana kennengelernt, als wir gerade zwanzig waren und trotz meiner vielen Reisen und der Entscheidung Italien für immer zu verlassen, ging unsere Freundschaft ohne Unterbrechung weiter: ich weiß, es gibt auf der Welt keinen anderen Menschen, dem ich so blind vertraue wie ihr. Die Einzige, die mich wirklich, mit all den guten und schlechten Seiten meines Charakters, kennt.

An jenem ersten August in Siena, dachte ich nicht, dass ich eine so lebensentscheidende Begegnung haben würde: Als ich

Francia, dove avevo seguito un seminario di musica vocale da camera francese, ero poi stata ammessa nella classe di G.F.: all'audizione era presente il vecchio conte Chigi. Mi sembrava di toccare il cielo con un dito. Per i soliti motivi di risparmio e anche di sicurezza, avevo trovato posto in un convento. Lì affittavano le stanze, di solito riservate durante l'anno scolastico alle studentesse interne, ora in vacanza presso le rispettive famiglie, con pensione completa a prezzi modicissimi. Avevo una stanza a tre letti con un'altra ragazza e aspettavo con curiosità la terza.

Anna arrivò di primo pomeriggio accompagnata dal fidanzato e dalla donna di fiducia della famiglia, una specie di Chaperon, la Zulma, che avrebbe dovuto tranquillizzare i genitori di Anna sulla scelta del luogo della sua permanenza e soprattutto sull'eventuale compagna di stanza. Una donna di forse cinquant'anni, non bella, alta, autoritaria, robusta. Una forte personalità e si vedeva. In seguito ho saputo che era Terziaria Francescana, cioè una specie di suora di casa. Viveva da loro già da sempre. Figlia di contadini emiliani rivoluzionari, almeno per quanto riguardava i nomi da dare alla numerosa figliolanza (pare nella sua famiglia ci fossero, oltre a Zulma, altri nomi stravaganti, e cioè Oriele, Azema, Ricordina... si potrebbe pensare a un tentativo di emanciparsi dalla chiesa, del tutto sbagliato però, perché queste bambine vennero regolarmente battezzate!) a dodici anni era andata a servizio dalla nonna di Anna e vi rimase fino alla sua morte. Dopo di che passò nella fabbrica del figlio, padre di Anna, occupando un posto di grande responsabilità: pare fosse temuta e anche odiata dal resto degli operai, perché stava dalla parte del padrone, pur essendo lei stessa una dipendente. La Zulma, mai sposata, e non si conoscono storie sentimentali, restò nella famiglia di Anna fino a tardissima età, sempre caparbia, autoritaria, decisa a seguire principi e convinzioni che nessuno riusciva a rimuovere. Un tipico esempio

aus Frankreich zurückkam, wo ich einen Musikkurs für Französische Kammermusik besucht hatte, wurde ich für die Klasse von G.F. zugelassen: Beim Vorspielen war der alte Graf Chigi anwesend. Mir war, als könnte ich den Himmel berühren. Weil ich sparen musste und wegen der Sicherheit, suchte ich mir ein Zimmer in einem Kloster, mit Vollpension zu moderatem Preis. Dort vermieteten sie Zimmer, die während des Schuljahres normalerweise für die Internat Schülerinnen reserviert waren, die sich nun aber während der Ferien bei ihren jeweiligen Familien aufhielten. Ich war in einem Dreibettzimmer mit einem anderen Mädchen und erwartete neugierig die dritte.

Anna kam am frühen Nachmittag an, begleitet von ihrem Freund und einer Frau, die das Vertrauen der Familie genoss, eine Art Anstandsdame, Zulma, die Annas Eltern mit der Wahl der Unterkunft während ihres Aufenthaltes und vor allem wegen der eventuellen Zimmergenossinnen beruhigen sollte. Eine Frau um die Fünfzig, nicht schön, groß, autoritär, robust. Eine starke Persönlichkeit, was man auch sah. Später erfuhr ich, dass sie Schwester im Franziskanerorden war, also eine Art Haus–Nonne. Sie lebte schon immer bei ihnen. Sie war die Tochter emilianischer, revolutionärer Bauern, jedenfalls wenn man von den Namen der vielen Kinder ausging (es schien als gäbe es in der Familie neben Zulma noch mehr extravagante Namen wie Oriele, Azema, Ricordina… man könnte denken, es sei ein Versuch sich von der Kirche zu emanzipieren, was jedoch ein Trugschluss war, denn diese Kinder waren getauft!). Mit zwölf Jahren war sie in den Dienst von Annas Großmutter getreten und blieb bis zu deren Tod dort. Danach kam sie in die Fabrik des Sohnes, Annas Vater, wo sie eine Stelle mit viel Verantwortung einnahm: es scheint, als fürchteten und hassten sie die anderen Arbeiter, da sie auf Seiten des Arbeitgebers stand, obwohl sie auch nur eine Angestellte war. Von Zulma, die nie verheiratet war, waren auch keine sonstigen sentimentalen Beziehungen bekannt, sie blieb bei Annas Familie, bis sie sehr alt war, immer stur, autoritär, entschlossen ihren Prinzipien und Überzeugun-

di donna emiliana, forte, pienamente cosciente di sé e delle sue capacità, colonna portante dell'economia di questa regione già da secoli.

Mi siedo nello scompartimento ancora vuoto e il mio posto è, come sempre, vicino alla porta. Per scacciare la tristezza che ogni separazione porta con sé, prendo il libro che Anna mi ha regalato e comincio a leggere: so che lei è corsa via. Il suo treno sarebbe partito qualche minuto prima del mio. Lei ha ancora cento chilometri davanti a sé, io circa cinquecento. Sprofondo nella lettura, intanto che il corridoio si riempie sempre più di gente. La porta viene spalancata d'autorità e un uomo entra. Guarda il numero della sua prenotazione e si siede proprio di fronte a me. È corpulento. Di sfuggita noto che avrà forse una sessantina di anni. Subito, quasi senza perdere tempo in inutili preliminari, tipo saluto o altro, dichiara:

«Io non sopporto le donne che leggono.» In quel momento un altro uomo entra nello scompartimento e si siede vicino al finestrino. Apre il giornale e si mette a leggere. Anche questo non saluta. Anzi non nota la nostra presenza. Neanche fossimo aria.

Il tipo di prima, interrotto dall'entrata dell'altro, lo sogguarda e poi riprende:

«Mi chiedo cosa avete tanto da leggere... è stato un errore permettervi di andare a scuola... una donna deve soltanto badare alla casa e alla sua famiglia.» Sento che mi sta fissando con insistenza, io però continuo ad ignorarlo. Lui si indispettisce. Alza la voce.

«Guardi che sto parlando con lei... quando si parla con qualcuno, una persona educata deve almeno guardare in faccia il suo interlocutore.» Io lo guardo un secondo. Poi ritorno a fissare il libro: devo dire che non riesco più a legge-

gen zu folgen, von denen sie niemand abbringen konnte. Ein gutes Beispiel für die emilianische Frau, die stark, sich vollkommen ihrer selbst und ihrer Fähigkeiten bewusst, seit Jahrhunderten eine tragende Rolle in der Wirtschaft dieser Region spielt.

Ich setzte mich in das noch leere Abteil, mein Platz befand sich wie immer an der Tür. Um die Traurigkeit zu vertreiben, die jeder Abschied mit sich bringt, nahm ich das Buch, das Anna mir geschenkt hatte und begann zu lesen: ich wusste, dass sie schon gegangen war. Ihr Zug sollte ein paar Minuten vor meinem abfahren. Sie hatte hundert Kilometer vor sich, ich noch fünfhundert. Während sich der Korridor immer mehr mit Menschen füllt, versinke ich in meiner Lektüre. Da wird die Tür mit Nachdruck geöffnet und ein Mann tritt ein. Er blickt auf die Nummer seiner Reservierung und setzt sich genau mir gegenüber. Er ist korpulent. Flüchtig erkenne ich, dass er wohl an die sechzig ist. Sofort, ohne Zeit mit unnützen Einleitungen zu verschwenden, wie ein Gruß oder Ähnliches, erklärt er:

»Ich ertrage es nicht, dass Frauen lesen.« In diesem Moment betritt ein weiterer Mann das Abteil und setzt sich ans Fenster. Er öffnet eine Zeitung und beginnt zu lesen. Auch er grüßt nicht. Er bemerkt nicht einmal unsere Anwesenheit. Als wären wir weniger als Luft.

Der Typ von vorhin, der durch das Eintreten des anderen unterbrochen worden war, betrachtet ihn kurz und fährt fort:

»Ich frage mich, was ihr so viel zu lesen habt… es war ein Fehler es euch zu erlauben, die Schule zu besuchen… eine Frau muss sich nur um Heim und Herd kümmern.« Ich spüre, dass er mich intensiv fixiert, doch ich ignoriere ihn weiter. Er ärgert sich und spricht lauter.

»Also, ich spreche mit Ihnen… wenn man mit jemandem spricht, blickt eine höfliche Person zumindest in das Gesicht des Sprechenden.« Ich sehe ihn eine Sekunde lang an. Dann blicke ich wieder ins Buch: ich muss gestehen, dass ich nicht

re. Mi rendo conto che si tratta di una persona assai disturbata e decido di ignorarlo.

«E quando si parla con qualcuno ci si aspetta anche una risposta.» prosegue imperterrito. Io abbasso un momento il libro e mi permetto di rispondergli con calma, nella speranza che mi lasci in pace.

«Lo vede che sto leggendo...»

«Come, sta leggendo... se un uomo parla con lei ha il dovere di rispondere e... non accavalli le gambe in quel modo indecente. Una donna non deve mai accavallare le gambe... io invece devo allargare le mie, perché sono un uomo... e si capisce perché.» Dopo questa tirata penso che in quello scompartimento non ho più motivo di restare. Mi alzo, raccolgo il mio impermeabile, di lacca nera, la mia borsa e con calma mi preparo a uscire.

«Anche l'impermeabile di plastica nera... una donna che legge e mette un'impermeabile di lacca nera mi fa schifo...» Adesso è decisamente irritato. Io affretto i miei preparativi, decisa a non sentire altro. Ammetto di essere inquieta: un tipo simile può diventare pericoloso. Prima di uscire lancio un'occhiata sul secondo passeggero che di certo ha sentito tutto il battibecco senza intervenire, anzi nascondendo la testa sempre più dietro il suo giornale, e mi congratulo, in silenzio, di fronte a tanta vigliaccheria.

Cambio alcuni vagoni, tutti affollatissimi, finché trovo posto in uno scompartimento occupato quasi esclusivamente da donne. In tutti i treni ci sono quasi sempre questi scompartimenti: è l'unico modo per viaggiare più o meno indisturbati o almeno senza la presenza di qualche rappresentante dell'altro sesso. Queste strane creature quando vedono troppe donne, infatti, preferiscono andare oltre.

Non sempre però.

Ce ne sono di quelli che non si lasciano intimidire dalla

mehr lesen kann. Mir ist bewusst, dass es sich um eine recht gestörte Person handelt und beschließe ihn zu ignorieren.

»Und wenn jemand mit einem redet, erwartet man eine Antwort«, fährt er unerschütterlich fort. Ich senke das Buch für einen Moment und erlaube mir ihm ganz ruhig zu antworten, in der Hoffnung, dass er mich dann in Ruhe lässt.

»Sie sehen doch, dass ich lese…«

»Wie, Sie lesen… wenn ein Mann mit Ihnen spricht, müssen Sie antworten und… schlagen Sie Ihre Beine nicht so unanständig übereinander. Eine Frau darf ihre Beine nie übereinanderschlagen… ich hingegen muss mich breitbeinig hinsetzen, weil ich ein Mann bin… man versteht warum.« Nach dieser Tirade denke ich, dass ich keinen Grund mehr habe, in diesem Abteil zu bleiben. Ich erhebe mich, nehme meinen Regenmantel aus schwarzem Lack, meine Tasche und bereite mich ruhig darauf vor zu gehen.

»Auch noch ein Regenmantel aus schwarzer Plastik.. eine Frau, die liest und einen Regenmantel aus schwarzem Lack trägt ekelt mich an…« Inzwischen ist er wirklich verärgert. Ich beschleunige meine Vorbereitungen, entschlossen, mir nicht noch mehr anzuhören. Ich gebe zu, beunruhigt zu sein, so ein Typ kann gefährlich werden. Bevor ich hinaus gehe, werfe ich dem anderen Passagier einen Blick zu, der das Wortgefecht mit Sicherheit mitangehört hat ohne einzuschreiten, im Gegenteil seinen Kopf noch weiter in die Zeitung gesteckt hat und gratulierte ihm im Stillen angesichts von so viel Feigheit.

Ich durchquerte einige Wagons, alle überfüllt, bis ich ein Abteil fand, das fast nur von Frauen besetzt war. In fast jedem Zug gibt es diese Abteile: es ist die einzige Möglichkeit mehr oder weniger ungestört zu reisen oder zumindest ohne die Präsenz des anderen Geschlechts. Diese seltsamen Wesen ziehen es vor weiter zu gehen, wenn sie zu viele Frauen sehen.

Allerdings nicht immer.

Es gibt jene, die sich von der Überzahl nicht einschüchtern

maggioranza, e devo subito aggiungere che di solito sono i più incivili: estremamente sicuri di sé entrano da padroni, non guardano né a destra né a sinistra e si siedono senza neanche chiedere se il posto è già occupato, magari togliendosi subito le scarpe col chiaro scopo di avvilirci con l'odore penetrante dei piedi sporchi.

Tengo a precisare che queste cose accadono nel XXI secolo e non cento anni fa.

Ripenso a quel tipo di prima. Dall'accento non mi è sembrato di riconoscere il maschio meridionale, quello che ancora crede di essere il padrone dell'universo, in ogni caso di essere superiore a qualsiasi donna. No. Era del Nord, ma in quanto a mentalità maschile non credo ci sia Nord e Sud. La sola differenza è la capacità di mascherare la propria superiorità, e perché no, il disprezzo verso il cosiddetto sesso debole, perché le donne del Nord non sono più disposte a lasciare spazio, a sottomettersi. Una donna che ha un'indipendenza finanziaria, un lavoro anche soddisfacente, non ha necessità di sottomettersi... ma qui devo fermarmi. Dalla lettura di un libro, *Amorosi assassini*, uscito qualche anno fa, apprendo che in Italia soltanto nel 2006 sono state uccise ben 112 donne da mariti, fidanzati e altro, senza contare le migliaia di donne, non uccise, ma violentate. Il che significa una vita distrutta. Per sempre.

Ma una donna può essere uccisa anche in altro modo: ci sono vari modi di distruggere un proprio simile. Uno dei primi, che conosco fin dall'infanzia, è il disprezzo, un disprezzo che si può leggere negli occhi di molti uomini verso il sesso femminile di qualsiasi età. Si comincia dal caro cuginetto che già a otto-dieci anni si sente superiore perché ha qualcosa che la cuginetta non ha: lui può fare pipì in piedi e lei no. E poi viene rispettato, anzi idolatrato dalla madre,

lassen und ich muss hinzufügen, dass es oft die ungehobelteren sind: extrem überzeugt von sich, wenn sie eintreten, als gehöre ihnen die Welt, sehen weder nach rechts noch links und setzen sich ohne zu wissen, ob der Platz schon besetzt ist oder nicht, vielleicht ziehen sie sogar ihre Schuhe aus, um uns mit dem penetranten Geruch von ungewaschenen Füßen zu demoralisieren.

Ich muss hervorheben, dass diese Dinge auch noch im 21. Jahrhundert geschehen und nicht etwa vor hundert Jahren.

Ich denke wieder an den Typ von vorhin. Vom Akzent her schien er mir nicht aus dem Süden zu kommen, der Typ Mann, der noch immer denkt, er wäre Herr des Universums, jedenfalls besser als jede Frau. Nein. Er kam aus dem Norden, doch was die männliche Denkweise betrifft, glaube ich nicht an Nord und Süd. Der einzige Unterschied besteht in der Fähigkeit, die eigene Überlegenheit und auch die Verachtung dem sogenannten schwachen Geschlecht gegenüber zu kaschieren, denn die Frauen aus dem Norden sind nicht mehr bereit sich unterdrücken zu lassen. Eine Frau, die finanzielle Unabhängigkeit genießt und einen erfüllenden Beruf ausübt, muss sich nicht unterdrücken lassen… aber hier muss ich anhalten. Aus dem Buch *Amorosi Assassini* (tödliche Liebhaber), das vor einigen Jahren erschien, erfuhr ich, dass in Italien allein 2006 gut 112 Frauen von ihren Ehemännern, Freunden oder Ähnlichen getötet wurden, ohne die tausenden von Frauen zu erwähnen, denen ‚nur' Gewalt angetan wurde, ohne dass sie getötet wurden. Was aber trotzdem in jedem Fall ein zerstörtes Leben bedeutet. Für immer.

Doch eine Frau kann auch auf andere Weise umkommen: es gibt viele Arten einen Mitmenschen zu zerstören. Eine der häufigsten, die ich selbst seit meiner Kindheit kenne, ist Verachtung, eine Verachtung gegenüber dem weiblichen Geschlecht, egal welchen Alters, die man in den Augen vieler Männer lesen kann. Es beginnt mit dem lieben Cousin, der sich schon mit acht oder zehn Jahren überlegen fühlt, weil er etwas hat, das die Cousine nicht hat: er kann im Stehen pinkeln und sie nicht.

dalla nonna, dai parenti tutti perché lui è il solo maschio della famiglia e la cara zia è fiera di essere stata capace di mettere al mondo quel piccolo eroe, al contrario di altre zie che hanno solo femmine o peggio ancora niente: nessun figlio!

Da quale società provengo io, per aver fatto tali esperienze? Una società arcaica, relegata in un'isola sperduta, dimenticata dalla civiltà, si direbbe, una società dove il maschio è sempre il padrone della moglie, delle figlie e strano caso, anche delle sorelle. Non si tratta neanche di un paese a maggioranza islamica, ma cattolica, credo per il 99%. Non è però necessario ricorrere al Corano per sottomettere le donne: la religione cristiana ci ha già pensato assai prima e quella ebraica anche.

Le religioni di tutto il mondo sono state solo uno strumento in più per avvilire l'altra parte dell'umanità, e spesso mi chiedo quale sia l'origine di questa discriminazione a carattere mondiale. Certo per sottomettere qualcuno bisogna essere in due: anche la schiava ha le sue responsabilità e una schiava non è sempre una povera donnetta priva di mezzi, senza istruzione.

La realtà è ben diversa. La donna, le è stato inculcato fin dalla nascita, vale qualcosa solo se ha un uomo, se è amata o almeno sostenuta da un uomo. E non è importante se quest'uomo ha assai poco da offrire, sia da un punto di vista umano che economico o intellettuale: l'unica cosa che conta è avercelo, questo semidio!

Und dann wird er respektiert, sogar abgöttisch angebetet von der Mutter, der Großmutter, den Verwandten, von allen, denn er ist der einzige Junge der Familie und die liebe Tante ist stolz darauf, dazu fähig gewesen zu sein, einen Mann in die Familie geboren zu haben, diesen kleinen Helden, im Gegensatz zu den anderen Tanten, die nur Mädchen oder noch schlimmer, gar keine Kinder haben!

Aus was für einer Gesellschaft komme ich, dass ich solche Erfahrungen gemacht habe? Aus einer archaischen Gesellschaft, die auf eine einsame Insel verbannt wurde, vergessen von der Zivilisation, man könnte sagen eine Gesellschaft, in der der Mann immer der Herr seiner Frau und der Töchter ist und komischerweise auch der Schwestern. Es handelt sich nicht um ein Land, das hauptsächlich moslemisch ist, sondern katholisch, ich glaube zu 99%. Es ist nicht notwendig, sich auf den Koran zu beziehen, um Frauen zu unterdrücken: die christliche Religion hat schon lang vorher daran gedacht und die jüdische ebenfalls.

Die Religionen überall auf der Welt waren lediglich ein weiteres Mittel, um einen anderen Teil der Menschheit zu erniedrigen und oft frage ich mich, was der Ursprung dieser global verbreiteten Diskriminierung ist. Sicher braucht es zwei, um einen anderen zu unterdrücken: auch eine Sklavin trägt ihre Verantwortung und eine Sklavin ist nicht immer eine arme, mittellose Frau ohne Bildung.

Die Realität sieht ganz anders aus. Der Frau wurde von Geburt an eingeschärft, sie sei nur etwas wert, wenn sie einen Mann hat, wenn sie von einem geliebt oder auch nur versorgt wird. Es ist nicht wichtig, wenn dieser Mann ihr nur sehr wenig bietet, sei es aus menschlicher, ökonomischer oder intellektueller Sicht: das Einzige was zählt, ist, einen Mann zu haben, einen Halbgott!

Indice

Inhaltsverzeichnis

Altri libri di Ada Zapperi Zucker:

I padri assenti
Due racconti
2017, 196 pagine, 11,80 €

La casa del nonno
Romanzo
2016, 264 pagine, 13,80 €

La Cucchiara
Racconti siciliani
2015, 174 pagine, 12,80 €

Un giorno a Bolzano
Racconti
2013, 224 pagine, 11,80 €

La scuola delle catacombe
Racconti sudtirolesi
2013, 224 pagine, 9,80 €

Teatro di ombre
Romanzo
2012, 200 pagine, 14,00 €

Le inquietudini della sora Elsa
Racconti
2011, 176 pagine, 13,00 €

Il silenzio
Romanzo
2009, 160 pagine, 12,00 €

Andere Bücher von Ada Zapperi Zucker:

Von Sizilien in die Toskana
Dalla Sicilia alla Toscana
Zweisprachige Erzählungen
2017, 164 Seiten, 11,80 €

Das Unbehagen der Sora Elsa
Erzählungen
2016, 214 Seiten, 13,80

Ein Tag in Bozen
Vier Erzählungen und Fragmente einer Biographie
2014, 224 Seiten, 13,80 €

Theater der Schatten
Roman
2013, 256 Seiten, 11,80 €

Die Katakombenschule
Erzählungen aus Südtirol
2013, 248 Seiten, 11,80 €

Das Schweigen
Roman
2010, 168 Seiten, 16,80 €

Gedruckt in Deutschland
August 2017
Stampato in Germania
agosto 2017

FSC
www.fsc.org
MIX
Papier aus verantwortungsvollen Quellen
Paper from responsible sources
FSC® C105338